RESOLVE VARIOUS DILEMMAS WITH A SENSE OF HUMOR

用幽默的心情，

搞定難纏的事情

用幽默的方式和對方進行有效溝通

《罵人不必帶髒字》系列暢銷作家 文彥博 著

富蘭克林．羅斯福說：
幽默是人際溝通的洗滌劑。
幽默能使激化的矛盾變得緩和，從而避免出現令人難堪的場面，
化解雙方的對立情緒，使問題更好地解決。

身處在這個浮躁焦鬱的時代，不管是突發狀況，
還是別人存心捉弄或惡意刁難，隨時隨地都可能爆發衝突，
面對讓自己難堪的場面更是無法避免。

絕大多數人遭遇難纏的事情，面對尷尬窘迫的場面，
不是張口結舌、面紅耳赤，就是暴跳如雷，惱羞成怒。
相對的，真正有智慧的人總會以幽默的方式和對方互動，
並且用輕鬆詼諧的言語和對方溝通，適時幽自己一默，
也幽對方一默，讓彼此從緊繃、對立的情緒舒緩下來。

•出版序•

用幽默的心情，搞定難纏的事情

文彥博

讓人抓狂的事情每天都在發生，你應該牢記的是，無論遇到哪種情況，「保持冷靜」的大原則就是用幽默的心情面對。

古羅馬思想家塞涅卡曾經寫道：「化解衝突的最好良藥，就是含有幽默感成份的機智。」

確實如此，當你面臨受也受不完的鳥氣，當你與別人爆發衝突，忍不住脫口而出一長串髒話，對事情根本沒有幫助，反而還會讓事情往更糟糕的方向發展。

面對一樁又一樁讓人抓狂的事情，面對一個又一個讓人抓狂的人，與其暴怒發飆和對方嗆罵，還不如想辦法讓自己放鬆心情，用幽默的方式表達自己的意思，搞定一切惱人的事情。

隆巴迪曾經寫道：「用嘴巴罵人，每個人都會，但是用腦筋罵人，就不是每個人都具備的本事。」

如果你光會用嘴巴罵人，通常會口不擇言，讓被罵的人認為你滿腦子偏見又沒有修養，但是，如果你懂得動腦筋罵人，卻會讓被罵的人認為你「對事不對人」，罵得很有道理。罵人不一定要用髒話，開罵之前，一定要先動點腦筋，既指出對方的錯謬，又不致讓對方惱羞成怒。

漢武帝即位之後，開始討厭撫養自己長大的乳娘，嫌她好管閒事，事無大小都囉哩囉嗦，後來便決定將她趕出宮外。

乳娘在皇宮住了幾十年，當然不願離開宮廷生活，在無可奈何的情況下，便向漢武帝身邊的紅人東方朔求助，希望他能幫忙說些好話緩頰。她把事情告訴東方朔後，東方朔安慰她說：「這沒什麼困難，只要妳向皇上辭行的時候，回頭看皇上兩次，我就有辦法了。」

東方朔以機智幽默著稱，是清朝大文人紀曉嵐最推崇的人物。

他深知漢武帝是乳母一手撫養大的，乳母對他的恩情勝似生母。但是，乳母也有不是的地方，喜歡多嘴饒舌，尤其是漢武帝即位後，已經貴為一國之君，她卻不知收斂，常常毫不客氣地指出他的缺失，使得他下不了台階。

但不管怎樣，乳母終究是乳母，雖有小過錯，還不至於非把她趕出去不可，因而東方朔決意幫助乳母。

到了送乳娘出宮的日子，乳娘叩別漢武帝後，滿眼淚水，頻頻回頭向武帝看幾次。這時，東方朔乘機大聲說：「喂！乳娘，妳點快走吧！皇上早已經長大，用不著妳餵奶了，妳還擔心什麼呢？」

漢武帝一聽到此話，心弦不禁一震，感到十分難過，想起自己是乳母餵養長大的，而且她又沒犯什麼重大過錯，就立刻收回成命，讓她繼續留在宮中。

東方朔不愧是處理人際關係的高手，如果他直接向漢武帝進諫，搞不好會使漢武帝惱羞成怒，反而把事情弄得更糟。

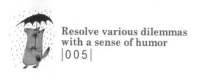

他採用「指桑罵槐」的策略，輕鬆地達成目的，可謂「罵人不帶髒字」。

其實，在現代的日常生活中，我們也屢屢見到令人抓狂的事情，然而，在某些公眾場合，或因爲事情的敏感性，或涉及某些身貴名顯的人，或考慮到別人的自尊心，不便公開地直接罵人，這時，「罵人不帶髒字」的批評方法就可以派上用場。

當然，罵人並不是面對事情的最好方式，有時以讚美、鼓勵的方式來激發對方的優越心理，也是不錯的「滲透」方式。

我們在日常的社交活動中，總難免遇到一些令人難堪的窘境和難以回答的問題。這時候該如何說話最恰當？

大原則應該是明辨事理，說話得體；該直言則直言，該含糊就含糊，該超脫就超脫。總之，從實際出發，視情況而定。但是，有一點要特別注意：當有人故意給你難堪，並使你的感情受到傷害，你可不要只顧著氣憤，更不要大發雷霆去硬碰硬，那樣只會使矛盾激化，鬧得兩敗俱傷。

當然，你也不可只張口結舌、滿臉羞紅，使對方覺得你軟弱可欺，那樣他

可能會變本加厲地嘲弄你。你必須頭腦冷靜地控制自己的情緒，運用語言的藝術，尤其是以急中生智的幽默感去對付。

幽默，是社交的救生圈。

英國作家司各特曾經在《雜文集》裡寫道：「充滿機智的幽默是多麼艷麗的服飾，又是何等忠誠的衛士！它遠遠勝過詩人和作家的智慧，它本身就是一種才華，能夠杜絕所有的愚昧。」

讓人抓狂的事情每天都在發生，當然，也可能對方並非惡意，有時候是無心之過。不論如何，你應該牢記的是，無論遇到哪種情況，「保持冷靜」的大原則就是用幽默的心情面對。

本書原名《用幽默的心情，面對讓人抓狂的事情》由於舊版已經銷罄，特推出全新增訂本，並更名《用幽默的心情，搞定難纏》，內容著重於如何用幽默、婉轉的方式，既指出對方的謬誤，又表達自己的意思，希望能讓讀者在輕鬆閱讀的同時增強人際溝通的功力。

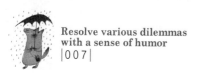

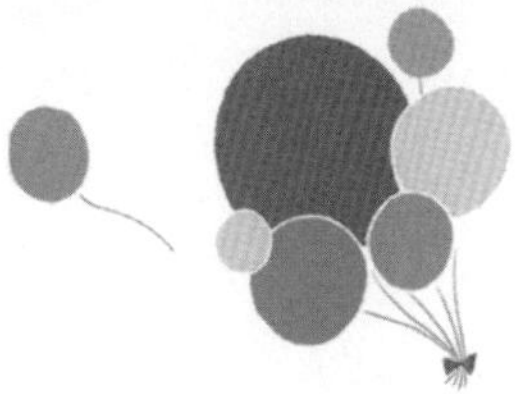

PART 1 用幽默的心境看待事情

無論在生活中，還是在工作上，尷尬局面是不可以避免的，應對各種各樣窘迫境遇的最佳方式，就是學會用幽默的心境看事情。

PART 2

轉移焦點就能避開對方的刁難

偷換概念，就是把概念的內涵暗暗地偷換或者轉移。概念偷換得越離譜、越隱蔽，內涵的差距就越大，產生的幽默效果就越強烈。

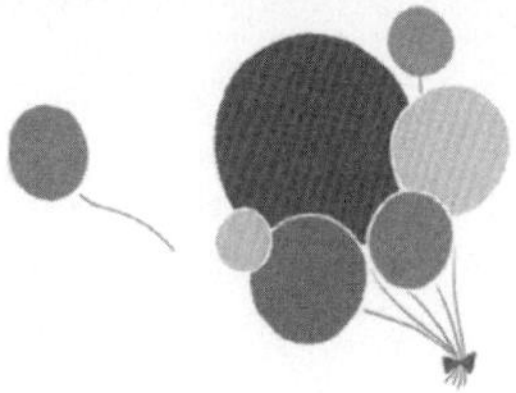

PART 3 言語溫和勝過尖銳指責

人際相處，不可避免會有一些不愉快的事情發生，面對這種情況，要少些批評、多些理解，讓自己的溝通能力更上一層樓。

PART 4

罵人，一定要拿捏分寸

諷刺像一把雙刃劍，可以使你受益，也可以使你受損。用得恰當，它是利器，用之不當，便會惹事生非。

PART 5

對付老頑固，要軟硬兼施

固執並不等同於是非不明，也不是說觀點絕對不能改變，「軟硬兼施」、「冷熱戰術」都是證明行之有效的謀略。

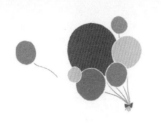

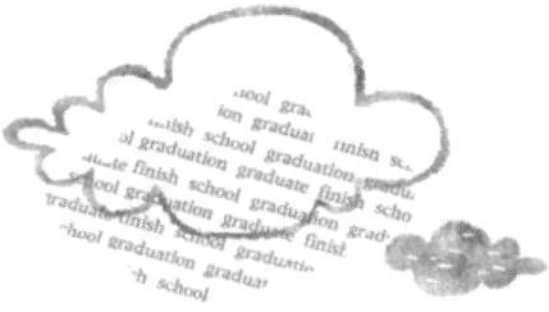

PART 6

以自責代替斥責

責人時引出自責，往往會收到更佳的效果。同時也要注意切莫帶有諷刺意味，否則只會帶來反效果。

PART 7

幽默，沒有難關不能過

在工作中恰如其分地運用幽默的語言與他人溝通，那麼還有什麼問題不能迎刃而解呢？

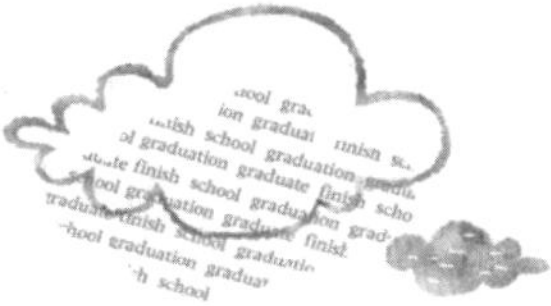

PART 8

面對打擊，要優雅反擊

不管面對什麼樣的人，柔中帶剛又不失風度的應對方式都是最好的回應，不只能展現氣度，也能給予有效的反擊。

1

用幽默的心境看待事情

無論在生活中，還是在工作上，

尷尬局面是不可以避免的，

應對各種各樣窘迫境遇的最佳方式，

就是學會用幽默的心境看事情。

用幽默的心境看待事情

無論在生活中，還是在工作上，尷尬局面是不可以避免的，應對各種各樣窘迫境遇的最佳方式，就是學會用幽默的心境看事情。

蘇格蘭小說家羅伯特．史蒂文森會說：「一般掌握幽默力量的人，都有一種超群拔眾的人格，能自在地感受到自己的力量，以幽默的心境應付任何困苦的窘境。」

活在這個浮躁焦慮的時代裡，什麼樣令人意想不到情況都可能發生，不管是自己失言失態，或是他人存心捉弄、惡意刁難，隨時隨地都能使人尷尬不已。日常生活中，窘境隨時都可能發生，誰也無法避免，更是難以預料。

在這種情境下，大多數人往往不知所措，不是張口結舌、面紅耳赤，就是暴跳如雷、怒不可遏，然而真正有智慧的人總會以幽默的心境來面對各種令人窘困的情境。

二〇〇〇年八月，「南部非洲發展共同體」決定頒發「卡馬」勳章給前南非總統納爾遜・曼德拉，表彰他帶領南非人民爭取自由進行長期抗爭，並做出傑出貢獻。

頒獎典禮當天，曼德拉親自出席領取勳章，並發表感言。一開場，他就以幽默的口吻說：「這個講台是專為總統們設立的，我這個已經退休的老人今天卻在這裡搶了總統們的風采，我想，我們的總統姆貝基肯定不會太高興吧！」

話音剛落，笑聲四起。

這時，工作人員體貼地為曼德拉搬來了一張椅子，讓他可以坐著演說。曼德拉感謝地對工作人員說：「我今年雖然已經八十二歲了，但站著講話雙腳還不會顫抖，等到我一百歲講話時，再請你幫我把椅子搬來。」

會場上又是一陣朗朗的笑聲。

笑聲過後，曼德拉開始正式發表演說，沒想到講到一半時，卻發現講稿的頁次亂掉了，不得不停下來重新整理。

一般人若是遇到了這種情況，肯定一臉尷尬，窘迫得不知所措，然而曼德拉卻邊低頭整理講稿，邊自我調侃地說：「你們可要原諒一個把講稿頁次弄亂了的老人啊！據我所知，在座的某位總統，曾經在一次演說時也把講稿頁次弄亂了，但與我不同的是，他沒有發覺，還是繼續往下唸。」

整個會場頓時哄堂大笑，因為演說中斷而帶來的尷尬也在一片歡笑聲中煙消雲散。

最後，曼德拉說：「非常感謝大會把動章授予我，我現在退休在家，如果哪天沒錢花了，就把它拿到大街上去賣。我知道，在座的某個人一定會出高價收購的，他就是我們的總統姆貝基。」

會場裡的人無不被曼德拉的幽默語言感染，就連原本表情嚴肅的姆貝基也情不自禁笑出聲來，全都起立為曼德拉鼓掌，目送這位風趣的老人離場。

面對尷尬和窘迫，曼德拉靠著自己的機智和風趣，以詼諧調侃的語言營造風趣的氣氛，不僅把尷尬的場合變得輕鬆，而且還讓人感到愉悅。

曼德拉的這種風趣便是我們常說的幽默。

幽默是一種智慧，是一種聰穎，是一種機敏。幽默的人懂得用獨特的視角和心境，以輕鬆的心情面對自己、面對別人。

實際上，人生不僅存在著艱難、坎坷和冒險，還會遇到各種各樣的窘迫境遇。無論在生活中，還是在工作上，尷尬局面是不可以避免的，應對各種各樣窘迫境遇的最佳方式，就是學會用幽默的心境看事情。

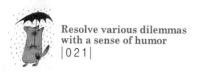

用快樂的心情面對眼前的事情

生活中如果多一份樂觀與幽默，就沒有什麼克服不了的困難，也就不會整天愁眉苦臉、憂心忡忡了。

幽默的人心智成熟，知道人生苦多樂少，因此常用幽默來娛樂自己，讓精神超脫塵世的種種煩惱，使生活多一點樂趣。

生活中不可能凡事都一帆風順，不順心、不如意的事情經常發生，若是能在生活中多加點幽默調劑，相信會給你帶來愉快的心情。

有一天，著名詩人海涅正伏案創作。突然，有人敲門，原來是僕人從郵局裡領回來一件包裹，寄件人是海涅的朋友梅厄。

海涅因長時間寫作，感到有些疲倦，又被人打斷思路，顯得很不高興。他不耐煩地打開包裹，發現裡面包著層層紙張。他撕了一層又一層，終於拿出一張小小的紙條。

只見小紙條上寫著短短的幾句話：「親愛的海涅，我健康而又快活！衷心地致上問候。你的朋友梅厄。」

儘管海涅感到不耐煩，但是這個玩笑卻逗得他十分快樂。他調整情緒後，決定對梅厄也開一個玩笑。

幾天後，梅厄收到通知，到郵局去領取包裹。這件包裹相當沉重，梅厄只好僱了一個腳夫幫他扛回家去。到家後，梅厄打開一看，驚奇地發現裡面居然是一塊大石頭。

石頭上貼著一張紙條，上面寫道：「親愛的梅厄！看了你的信，知道你又健康又快活，我心上的這塊石頭終於落地了。現在，我把它寄給你，以永遠紀念我對你的愛。」

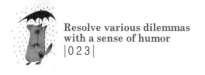

幽默可以改善自己的心情，以及面對生活困境時的緊繃情緒。有了幽默，你就可以消除緊張，暫時拋下煩惱。更重要的是，幽默會讓你產生創造性的想法，以積極樂觀的心情面對眼前的事情。

生活中如果多一點趣味和笑容，多一份樂觀與幽默，就沒有什麼克服不了的困難，也就不會整天愁眉苦臉、憂心忡忡了。

幽默的人最有吸引力

可以這麼說，幽默是一種對生活的體驗，面對不同環境的優雅、樂觀態度，幽默感正是一個人的處世、生活和創造能力。

幽默究竟是什麼呢？

就是透過風趣、影射、諷喻、雙關等等行爲模式，在善意的微笑中，面對生活中的各種事情。

藝術大師卓別林說：「所謂幽默，就是在看來正常的行為中覺察出細微的差別。透過幽默，我們在貌似正常的現象中看出了不正常，在貌似重要的事物中看出了不重要。」

作家老舍認爲：「幽默是一種心態，是由事物中看出可笑之點，而技巧地

寫出來。笑裡帶著同情，而幽默乃通於深奧。」

幽默大師林語堂認爲：「越是空泛的、籠統的社會諷刺及人生諷刺，其情調自然越深遠，而越近於幽默本色。」

在現實生活中，幽默是一種生活美學，帶給人們更多的歡聲笑語。正因爲如此，具有幽默感的人往往更有魅力和吸引力。

幽默是智慧的產物，反映了情緒、智力的高低。幽默似乎沒有痛苦和狂歡強烈，但卻遠比痛苦和狂歡更耐人咀嚼。

幽默是一種成熟的智慧，一種穿透力和一種凝聚力。幽默也是一種境界，更是一種咀嚼人生後的機智。

有次，訪談節目主持人穆哈米邀請影壇老將雷利上節目。只見鬢髮斑白的雷利拄著拐杖，步履蹣跚地走上台來，緩緩地坐在椅子上。

看到這種情形，穆哈米不禁開口問道：「你經常去看醫生嗎？」

「是的，常常去。」

「為什麼？」

「因為病人必須常去看醫生，這樣醫生才能活下去。」

台下爆出了熱列的掌聲，觀眾們無不為雷利的幽默和機智語言喝彩。

穆哈米接著問：「你常去藥店買藥嗎？」

「是的，常去。因為藥店老闆也得活下去。」

台下又一陣掌聲。

「那你常吃藥嗎？」

「不，我總是把藥扔掉，因為我也要活下去。」

穆哈米轉而問另一個問題：「你太太最近好嗎？」

「還是那一個，沒換。」

台下又是一陣大笑。

蘇聯作家普里什文曾經說過：「生活中沒有哲學還可以應付過去，但是沒有幽默則只有愚蠢的人才能生存。」

幽默是一個人的知識、智慧、靈感在語言表達中的閃現，是一種「能抓住可笑或詼諧想像的能力」，是對社會上的種種不和諧、不合理的荒謬現象的反應和譏諷。

可以這麼說，幽默是一種對生活的體驗，面對不同環境的優雅、樂觀態度，幽默感正是一個人的處世、生活和創造能力。

幽默是一種生活藝術

幽默是生活藝術的極品。幽默的特性在於給人帶來歡樂或以愉快的方式娛人，它的特色在於它的影響力或者說穿透力。

中國當代作家王蒙曾說：「幽默是一種酸、甜、苦、鹹、辣混合的味道。嚐起來似乎沒有痛苦和狂歡強烈，但比痛苦狂歡還耐嚼。」

用幽默詼諧的方式看待人間百態，不僅能讓自己輕鬆愉快，更可以在風趣的言談中，輕而易舉地化解那些惱人的事情。

當你面對一樁又一樁惱人的事情，與其憤怒地破口大罵，還不如先讓放鬆緊繃的心情，再用幽默的方法表達自己的想法。

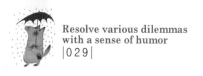

幽默的特性在於給人帶來歡樂，以愉快的方式自娛娛人，並且發揮意想不到的影響力或者說穿透力。

德國著名作家歌德有一次走進一家酒館，點了一杯酒。他先嚐一口，然後往裡面摻了點水。

旁邊一張桌子坐了幾個也在喝酒的貴族大學生，吵吵嚷嚷，鬧得不可開交。他們看見歌德把水摻到酒裡，不禁哄然大笑。其中一個人問說：「親愛的先生，請問你為什麼往這麼好的酒裡摻水呢？」

歌德回答說：「光喝水使人變啞，池塘裡的魚就是明證；光喝酒使人變傻，在座的各位們就是明證。我不願做這二者，所以把酒摻水喝。」

很多時候，一針見血的話語不一定要說得很嚴肅，藉由幽默的方式，可以達到更佳效果。

因爲，讓人發噱的言談之中，往往隱含著讓人深思的道理。當你忍不住想說出自己的想法，不妨利用幽默的方式表達，讓人更容易接受。

有一年，劉羅鍋陪同乾隆皇帝下江南。船駛至揚州時，忽見一妙齡女子在橋下洗衣服。

乾隆見那女子長得眉清目秀，不禁為她的美貌傾倒，目不轉睛地盯著她看。船已駛過了小橋，乾隆還頻頻回頭張望。

劉羅鍋在一旁暗自發笑，問乾隆說：「敢問皇上，你可知道天地之間什麼力量最大？」

乾隆說：「水。水能載舟，亦能覆舟。」

劉羅鍋搖搖頭。

乾隆反問道：「那你說什麼力量最大？」

「女人。」劉羅鍋說。

乾隆不解其意。

劉羅鍋神秘地說：「女人能把龍頸扭彎。」

幽默能帶給我們樂趣，使生活中充滿了歡笑，笑過之後，對於事物又有更深刻的體悟。

想點醒別人，不一定非得用正經嚴肅的話語，只要懂得以幽默詼諧的方式看待人間百態，不僅能讓自己輕鬆愉快，更可以在風趣的言談中，輕而易舉地搞定那些難纏的事情。

用幽默的心情化解尷尬的事情

幽默是一種積極的人生態度，讓我們得以以樂觀的情緒去面對困境，使生活總是充滿了快樂和希望。

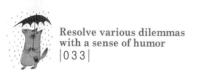

俄國作家契訶夫曾經說過一句名言來表達幽默的重要性：「不懂得開玩笑的人是沒有希望的人！這樣的人即使聰明絕頂，也算不上真正的智慧。」人生有許多無奈和意外，幽默則是讓心情雨過天青、迎向陽光的特效藥。有幽默感的人，通常都擁有樂觀豁達、談笑風生的性格，懂得用輕鬆的心情看待惱人的事情。

有一個人，上班時經常遲到一二十分鐘。有一天，他上班又遲到了，上司當著所有同事的面，嚴厲地對他說，如果他再遲到，就回家吃自己。

這個人尷尬極了，發誓隔天一定要提早出門，以免被炒魷魚。不幸的是，第二天卻因塞車被堵在路上，到達公司時已晚到二十分鐘了。

他一踏進辦公室，就看見上司鐵青著臉站在那裡等他。於是，他便走過去向上司點點頭，並說道：「嗨，先生，你好。聽說你們公司剛才有人被開除了，我是前來應徵這個職缺的。」

上司被逗笑了，揮一揮手，「趕快去工作！」

具有幽默感的人，會讓生活充滿情趣，許多看起來令人痛苦煩惱之事，他們卻應付得輕鬆自如，使尷尬的場面變得趣味盎然。

幽默是一種積極的人生態度，讓我們得以以樂觀的情緒去面對困境。心靈的燦爛才能帶來真摯的微笑，真正的笑，是發自內心的是一種樂觀開朗的生活態度。心情沉重的人，是笑不起來的；充滿狐疑的人，話裡肯定不會蕩漾著暖融融的春意；整天牽腸掛肚的人，話裡肯定有著化不開的憂鬱。

急中生智就能找到出路

當你遇上急迫而又棘手的問題時，只要懂得隨機應變，使用一句恰到好處的幽默語言，就能立於不敗之地。

幽默與機智是密不可分的，幽默讓人發笑，給人舒適輕鬆的感受，而且在笑聲中常包含機智和高超的語言技巧。機智是一種高智商的表現，一個思維不機敏的人，無法讓自己的語言充滿幽默。

古今中外有許多因機智幽默而聞名的智者，他們的事蹟至今仍廣爲人們傳頌著，阿凡提便是其中之一。

有一天，貪婪而又愚蠢的國王把阿凡提叫到自己的宮殿，問他說：「聽說你

很聰明，那你知道有吃了就能讓人變聰明的藥嗎？」

阿凡提自信滿滿說：「有啊！」

貪婪的國王當然想變得更聰明，急不可待地對阿凡提說：「那你趕快去給我弄一點來！」

幾天後，阿凡提恭敬地獻上十顆藥丸，告訴國王只要一天服用一個藥丸，就可以變聰明了。

到了第九天，國王派人叫來阿凡提，大吼道：「阿凡提，你竟敢騙我！」

阿凡提說：「陛下，你怎麼這麼說啊？」

「你還敢說！我吃了你這九顆藥丸，不但沒有聰明，反而讓我吃出泥土味來，你這藥是泥巴捏的？」

阿凡提說：「陛下，恭喜你啦！你吃了聰明藥，果真變聰明了，連我都騙不了你……」

激勵作家奧里森．馬汀曾經這麼說：「一笑置之，通常是讓煩惱不會在你

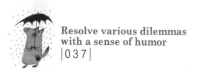

內心滋長的最有效良方。」

讓我們感到悶悶不樂、不舒服的，通常都源於別人的異樣眼光和竊竊私語，但仔細想想，我們爲什麼要隨著別人的節拍起舞？最好的方法，當然就是用幽默的心情一笑置之。

德國詩人海涅是猶太人，經常遭到一些無理攻擊。

在一個晚會上，一個旅行家心懷鬼胎地對海涅說：「我發現了一個小島，令我感到驚訝的是，島上竟然沒有猶太人和驢子。」

海涅一聽對方的話中帶刺，冷靜地說：「那好辦，只要我和你一起到島上去，就可以彌補這個缺陷了。」

海涅的回答機智、幽默、詼諧，那位不懷好意的旅行家碰了一鼻子灰後，只好自討沒趣地走開了。

機智幽默是一種天然的防衛武器，遇到別人刻意刁難時，只要靈活運用機智和幽默，就可以輕鬆化解難題。

某縣令聽說有一個江湖相士非常神準，十分不以為然，便把他叫到縣衙來。縣令對相士說：「前面坐著的三位女子當中，有一位是我的夫人，另外兩個是她的奴婢。你若能說出哪一位是我的夫人，就可恕你無罪，否則，你再在本縣擺攤相命，我就以『妖言惑眾』懲治你。」

相士將眼前年齡相仿，衣飾、髮型一致，同樣面無表情的三位女子打量了一下，對縣令說：「這麼簡單的事，我徒弟就辦得到了！」

相士的徒弟一聽，趕忙望向並排端坐的三位女子，只見他由左往右，再由右往左，看了老半天，還是看不出個所以然來，只好一臉茫然地對相士說：「師父，你沒教過我啊！」

相士一巴掌打在徒弟後腦勺上，同時順手指其中一位女子說：「笨蛋，連這位就是夫人也看不出來！」

在場的人都傻住了，無不佩服相士的神機妙算。

事實上，並非相士真有通天本領，能一眼就看出哪位是夫人，而是當他一巴掌打在徒弟後腦勺之時，師徒兩人的模樣頗為滑稽，使少見世面的兩個奴婢忍不住掩口而笑。至於那位依舊面無表情的女子，自然就是見過世面又有教養的縣令夫人！

幽默是一種機智思維，可以讓人急中生智，產生創造性的解決問題的方法，順利地化解困境，或從危險的境地中脫身。

當你遇上急迫而又棘手的問題時，只要懂得隨機應變，使用一句恰到好處的幽默語言，就能立於不敗之地。

人生路上總會遭遇一些困頓或尷尬的局面，面對種種無奈，只要保持平和的心境，善用機智和幽默，就肯定能夠找尋到一條擺脫困境的出路。

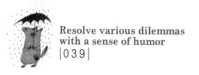

用幽默的態度面對世事

用幽默的態度面對世事，可以卸掉那些原本壓在肩膀上的壓力，還可以讓你在尷尬的處境中展現迷人的魅力。

人長期生活在與自己的志趣、性格都格格不入的環境中，很容易用負面的情緒面對環境，加深自己心理壓力。

那些總是快樂的人，最大的特點就是懂得用幽默風趣的心情，去應對人生那些不如意的歷程。

例如，在夜半時分遭小偷光顧，通常不會令人感到愉快，可是法國著名作巴爾札克卻能不改幽默本色，與小偷開起玩笑。

巴爾札克一生雖然寫了無數膾炙人口的作品，但還沒成名之前卻經常手頭拮据，窮困潦倒。

有一天晚上，巴爾札克正在睡覺，有一個小偷爬進他的房間，翻箱倒櫃尋找值錢的東西。

巴爾札克被聲響吵醒，並沒有喊叫，平靜地笑著說：「老兄，別翻了，我白天都找不到值錢的東西了，現在黑漆漆的，你就更別想找到了。」

恩格斯曾經說過：「**幽默是具有智慧、教養和道德上優越感的表現。**」

幽默是一種態度，也是一種觀看事物的角度。

幽默是生活的智慧，用幽默的態度面對世事，可以卸掉那些原本壓在肩膀上的壓力，可以讓你以樂觀的心態對待人生，還可以讓你在尷尬的處境中展現迷人的魅力。

用幽默的方式避免爭執

面對棘手的問題，蕭伯納選擇用幽默的方式表達自己的意思，避免了不愉快的爭執。這個例子說明了，幽默是人與人之間最佳溝通橋樑。

幽默是和他人建立良好關係時不可缺少的道具。

幽默能拉近人與人之間的距離，填平人際關係之間的鴻溝。

當一個人要表達內心的不滿，或是批評別人，如果能使用幽默的語言，會讓對方聽起來順耳一些，無形中增強說服力。當一個人和別人關係緊張時，一觸即發的關鍵時刻，幽默也可以使彼此擺脫不愉快的僵滯狀態。

有天，英國作家蕭伯納在街上行走，被一個騎自行車的冒失鬼撞倒在地上，幸好沒有受傷，只虛驚了一場。

騎車的人急忙扶起蕭伯納，連連道歉，可是蕭伯納卻一臉惋惜的表情，說道：「你真是運氣不佳，先生，你如果把我撞死了，就可以名揚四海了！」

蕭伯納的這一句幽默妙語，不僅讓他和肇事者雙方從不愉快的、緊張的窘境中解脫，展現出來的風趣、寬容的態度，也給對方留下了難忘的印象。

蕭伯納的脊椎骨有病，去醫院檢查。

醫生對蕭伯納說：「有一個辦法可以醫好你的病，就是從你身上其他部位取下一塊骨頭，來代替那塊壞了的脊椎骨。」接著又說：「但這手術很困難，我們從來沒有做過。」

蕭伯納聽完醫生的話後，淡淡地一笑說：「好呀！不過，請告訴我，你們打算付給我多少手術試驗費？」

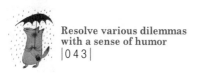

很明顯，醫生的意思是說這次手術有很大的風險，所要收取的費用也不同一般。如果蕭伯納在這樣的場合與醫生爭論，或表示不滿、失望，無疑會和醫生處於對立的局面，而對立的結果，不僅會給雙方帶來難堪，也會影響彼此合作和治療的效果。

但是，面對棘手的問題，蕭伯納選擇用幽默的方式表達自己的意思，避免了不愉快的爭執。

這個例子說明了，幽默是人與人之間最佳溝通橋樑，能夠在短時間內拉近彼此的距離。

2

轉移焦點就能避開對方的刁難

偷換概念，就是把概念的內涵暗暗地偷換或者轉移。

概念偷換得越離譜、越隱蔽，

內涵的差距就越大，產生的幽默效果就越強烈。

用幽默的方式降低摩擦係數

幽默語言如同潤滑劑，可有效地降低人與人之間的「摩擦係數」，化解衝突和矛盾，使我們從容擺脫在溝通中可能遇到的困境。

不懂得幽默的人，往往EQ不高，不懂得調節情緒，遇到的困難越多，負面情緒也越積越多，到最後情緒爆發，只會傷人又傷己。

幽默是面對嚴酷現實的潤滑劑，不僅可以使我們以輕鬆而正確的心態面對困難，受到阻撓、受到不公平待遇時，更可以幫助我們走出困境。

有一位候選人到鄉下發表競選演說，誰知才講到一半，許多農民便拿著番茄、雞蛋、爛水果向他砸去，以表不滿。

這位候選人面對向他丟來的東西和農民的不滿，鎮定自若，一邊抹掉身上的污漬，一邊說：「我也許不清楚你們的難處，但至少我能幫你們解決農產品過剩的問題！」

幽默的人總是能在關鍵時刻避免正面衝突，以冷靜的情緒和詼諧的言語面對問題。

這位候選人以幽默的方式，回應民衆的不滿，不但避免了可能的衝突，也展現了自己的風度。如果這候選人正面與農民對抗，非但使場面激化，更無法得到認同和支持。

幽默的語言就如同潤滑劑，可有效地降低人與人之間的「摩擦係數」，化解衝突和矛盾，使我們從容擺脫在溝通中可能遇到的困境。

有位法官的鄰居常常把音響的音量開大到讓人難以忍受的程度，吵得他無法好好休息。

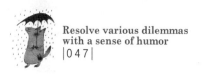

有一天，法官實在忍無可忍了，便拿著一把斧頭，來到鄰居家門口說：「我來修修你家的音響。」

鄰居嚇了一大跳，急忙道歉。

法官語氣和緩地說：「其實，該道歉的是我，瞧我把兇器都帶來了，你可別到法院去告我啊。」

說完，兩人友好地笑開了。

處理這類棘手的問題時，最好能使用彼此都能接受的方式，不能只爲了表達自己的看法而不惜刺傷別人，傷了和氣。

幽默能使人急中生智，化解日常生活中的摩擦、矛盾，讓彼此不至於爲了小事大動肝火。具有較高情緒智商的人，都特別善於用幽默來應付緊急情況。

一位顧客正在餐館裡用餐，忽然發現菜湯裡有一隻蒼蠅。他氣憤地揚手招來侍者，冷冷地諷刺道：「請問，這東西在我的湯裡幹嘛？」

侍者彎下腰，仔細看了一會，風趣地回答道：「先生，根據我的觀察，牠正在仰泳！」

餐館裡的顧客被逗得捧腹大笑。

在這種情況下，無論侍者如何解釋、道歉，都只會受到尖銳的批評，甚至更加引起顧客的憤怒。但是，一番幽默的言語消弭了顧客的怒氣，使氣氛得以緩和，接下來的道歉，顧客便較能接受。

朱元璋當上皇帝以後，有一天忽然想起少年時代在皇覺寺當和尚時，曾經在佛殿的屋角寫了一首打油詩，便決定回去看一看。

到了皇覺寺，他尋遍了各角落都找不到往日的題壁詩，於是便責問方丈為何沒有把他的詩保護好。

方丈急中生智，答道：「聖上題詞不敢留，詩題壁上神鬼愁。謹將法水輕輕洗，猶有龍光射斗牛。」

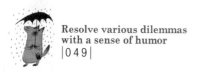

朱元璋聽了頓時轉怒為喜，厚賜方丈而歸。

以上這些都是運用幽默來應付緊急情況的典型例子。當你遇到急迫而又棘手的問題時，必須隨機應變，用幽默的方式讓自己轉危爲安。

奧地利精神分析大師弗洛伊德講過：「最幽默的人，是最能適應的人。」的確，幽默能使我們在社交場合應付自如。運用幽默技巧來化解各種各樣的危機和困境，既可以維護自己的利益，捍衛自己的尊嚴，而又不刺傷對方的感情。

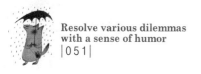

善用智慧，避免和對方針鋒相對

與他人談話時，若能恰到好處幽默地表明自己的想法和態度，就可避免引起不必要的爭論，減少許多令人尷尬的情境出現。

所謂隱含判斷，是指說話時出於技巧和內容的需要，故意不把自己的觀點直接表露出來，而是將之隱蔽在另外一個似乎無關的觀點中，聽話的人需要經過思考，方能領悟出自己所要表達的意思。

馬克．吐溫是美國著名的幽默大師，無論是寫作還是日常生活，語言都充滿了詼諧，尤其在嘲諷方面，更是深諳「隱藏判斷」的技巧。

有一個富翁的左眼壞了，花很多錢請人裝了一隻假的，這隻義眼裝得很好，不仔細察看，很難分辨。富翁感到十分得意，常常在人們面前誇耀。

有一次，富翁遇到了馬克．吐溫，就問道：「你猜得出來我哪一隻眼睛是假的嗎？」

馬克．吐溫指著他的左眼說：「這隻是假的。」

富翁很驚訝：「你怎麼知道的？」

馬克．吐溫說：「因為你這隻眼睛裡還看得出一點點慈悲。」

馬克．吐溫利用隱含判斷的幽默技巧，不動聲色地表達了自己的觀點，讓人開懷一笑的同時，領悟到其中的深意和智慧。

隱含判斷是一種委婉的表達技巧，能夠幫助人把一些不想直說的話間接地說出來，對話的人往往必須想了一下，才領悟出被你「藏」起來的那層意思。

不過，需要注意的是，隱含判斷是透過「隱藏」來表達觀點、表現幽默，因此使用這種技巧時，要讓聽話的人經過短暫的思索後就能會意，如果太過深奧，就失去幽默的效果。

有一次，美國前總統甘迺迪的父親約瑟夫略帶嘲諷地對甘迺迪說：「卡洛琳**（甘迺迪的女兒）**真是聰明，與你小時候相比，她可伶俐多了！」

甘迺迪毫不示弱地說：「不錯，她確實很聰明，也不看看她爸爸是誰！」

在這裡，甘迺迪把眞實意圖隱藏得很巧妙，當約瑟夫藉由誇讚卡洛琳來貶抑自己時，他首先肯定了卡洛琳很聰明這個事實，然後抓住「比」這個關鍵環節，爲自己扳回一城。

「也不看看她爸爸是誰」，這句話流露的弦外之音是：卡洛琳聰明是因爲她爸爸的緣故，而甘迺迪不聰明當然也是因爲他爸爸的緣故。

這樣的幽默表達方式可以幫助我們避免針鋒相對，讓對方略微思索之後，才能意會到我們所要表達的意思，留下無窮的回味。

與他人談話時，若能恰到好處地運用類似的語言，幽默地表明自己的想法和態度，就可避免引起不必要的爭論，減少許多令人尷尬的情境出現。

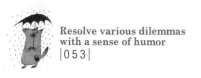

幽默程度決定你的成功程度

有了幽默的力量，你就可以把人們聚攏在你的周圍，激勵他人共同參與你的事業，進而贏得自己的成功的人生。

具有幽默感的人，能夠輕鬆面對來自外界的干擾。

美國前總統林肯是個幽默的政治家，經常採用幽默的方式來表明自己的政治主張，緩和緊張的政治氣氛。

有位財政部長批評他笑話說得太多了。

林肯卻說：「依我的經驗來看，在向一般人說明或解釋問題時，說笑話的方式比其他的方式更容易被人接受。」

甘乃迪總統也是一位因善於運用幽默達到成功的政治人物。他就任總統時，提名他的弟弟羅伯特．甘乃迪當司法部長，面對外界的批評聲浪，他風趣地說：「羅伯特將來想繼續做他以前的生意，我覺得他應先學點司法經驗。」

甘乃迪認爲，從事政治工作，幽默感是很重要的。他曾這麼說：「我非常同意古代一位印度詩人的幾句話，大意是：天下只有三件事——上帝、人類的愚蠢和歡笑。前兩件事是我無法理解的，所以我就必須緊緊地把握住第三件事。」

美國某究研中心曾對三百多家大公司的行政主管做了一次調查，結果顯示：有九十七%的主管相信，幽默在企業界具有相當的價值；六十%的主管相信，幽默感很大程度決定了一個人事業的成功程度。

現代人已越來越重視幽默的力量，也希望能運用幽默的力量來改變僵硬、刻板的個人形象、改善自己的人際關係。

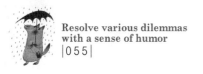

越來越多的企業高層領導者希望自己在同事和別人眼中是有幽默感的人，因爲幽默能表現領導者的說話智慧，使人在忍俊不禁之中，以輕鬆活潑的氣氛中工作，並能提高工作效率。

絕大多數的人都希望和幽默的人一起共事，更願意爲具幽默感的人做事。有了幽默的力量，你就可以發展你的領導能力，把人才聚攏在你的周圍，激勵他人共同參與你的事業，贏得自己的成功人生。

轉移焦點就能避開對方的刁難

偷換概念，就是把概念的內涵暗暗地偷換或者轉移。概念偷換得越離譜、越隱蔽，內涵的差距就越大，產生的幽默效果就越強烈。

一般情況下，人在進行理性思維的時候，通常有一個基本的要求，那就是雙方談論的必須是同一件事，或者同個概念，如果不一致，就會各說各話。

亞里斯多德在邏輯學中提過一條法則：思考問題時概念要統一，這叫「同一律」，一旦違反了這條規律，對話的雙方在理解和運用上就會有所差異。

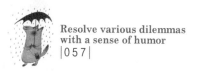

「偷換概念」的說話方式，就是藉由歧義製造幽默的效果。

一八四三年，亞伯拉罕．林肯代表共和黨出馬，與民主黨提名的彼德．卡特賴特角逐伊利諾州聯邦眾議員席次。

卡特賴特是個非常有名的牧師，利用自己有利的地位，大肆攻擊林肯不承認耶穌，甚至誣蔑耶穌是「私生子」等等，想藉此降低選民對林肯的信任。然而，林肯對此卻絲毫不以為意。

有一天，林肯獲悉卡特賴特又要在某教堂佈道，便準時走進教堂，並坐在顯眼的位置上，刻意讓卡特賴特看到。

卡特賴特見到林肯，認為這是個讓他當眾出醜的好機會。佈道進入高潮時，卡特賴特突然對教友說：「願意把心獻給上帝，想進天堂的人請站起來！」

教友們全都站了起來。

「請坐下！」卡特賴特喃喃祈禱之後，又說道：「不願下地獄的人，請站起來吧！」

教友們全霍然起立。

卡特賴特請大家坐下後，用嚴肅的聲調說：「我看到大家都願意把自己的心獻給上帝而進入天堂，不願意下地獄，只有林肯先生例外。林肯先生，請問你到

底要去哪裡？」

林肯不慌不忙地站起來，平靜地說：「我要去國會。」

在場的人全為林肯風趣的回答熱烈鼓掌，使得卡特賴特狼狽不堪。

這個例子裡，林肯就是利用了是「偷換概念」的幽默技巧，把焦點放在「去哪裡」，將被動局面轉變成了主動，幽默地回擊卡特賴特對自己的譏諷。

與柴可夫斯基同時代的俄國著名作曲家、鋼琴家魯賓斯坦，有一次要在巴黎舉行演奏會，消息一出，反應十分熱烈，票很快就售完了。

演奏會當晚，一個愛賣弄風騷又很吝嗇的貴婦來到後台找魯賓斯坦，對他說：「偉大的鋼琴家，我真羨慕你的天才，可惜票已經賣完了。」

魯賓斯坦很瞭解她的這一套，雖然打從心裡瞧不起，但仍平靜而客氣地說道：「遺憾得很，我手上一張票也沒有了。目前只剩下一個座位，如果妳想要的話，我可以奉送給妳。」

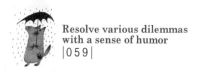

貴婦一聽，興奮地說：「謝謝，但我希望坐在前排。」

「這個座位絕對是在最前排，」魯賓斯坦用手一指，「妳看！就在那裡。」

貴婦順著魯賓斯坦手指的方向看過去，那個座位就在台上鋼琴前面。

這則幽默故事真讓人忍俊不禁。魯賓斯坦不直接拒絕說沒有座位，而是採用偷換概念的方式告訴貴婦還有個座位，但座位在鋼琴前面，這樣的回答令人拍案叫絕。

在社交場合中，難免會碰到這類蠻橫不講理的人。這種時候，不需要與他們爭得臉紅脖子粗，或者因爲無法解決問題而亂了陣腳，只需要運用一下「偷換概念」的幽默技巧，就能在輕鬆愉快的氛圍中讓問題迎刃而解。

有一位吝嗇刻薄的富翁，獨自和五隻狼犬住在一幢別墅裡。某天，富翁請了一位畫家來幫狗狗畫一幅生活畫，要求畫家必須生動地畫出狗狗們在美麗的花園裡活蹦亂跳的各種神態。

畫家花三天時間在花園裡捕捉這五隻狗的各種玩耍動作，畫好了之後，將畫拿給富翁看。

可是，富翁卻藉故嫌東嫌西，試圖以不滿意為藉口少付點錢。

畫家早就聽聞這個富翁吝嗇成性，心裡很明白這是他故意吹毛求疵，不動聲色地一次又一次地修改富翁不滿意之處。

這天，畫家將已經修改了四五次的畫拿給富翁看，富翁左看右瞧之後說：

「哎呀！你怎麼沒有把狗屋給畫上去呢？」

「狗屋？」畫家一愣。

「是啊！我的狗最怕別人盯著牠們看了，只要有人朝著牠們看，牠們就會馬上躲進狗屋去，所以沒有狗屋是不行的。」

畫家耐著性子說：「好吧！我把畫改好後，明天再送來給你。」

第二天，畫家將修改好的畫送來給富翁。

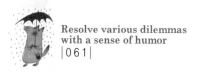

「咦！怎麼只有狗屋，我的狗呢？」

「因為我們現在正盯著牠們，所以牠們躲進狗屋裡了。你先把畫掛在牆上，過些時候沒人注意，牠們就會出來了。」畫家泰然自若地回答：「現在，請你付錢，謝謝！」

偷換概念，就是把概念的內涵暗暗地偷換或者轉移。概念偷換得越離譜、越隱蔽，內涵的差距就越大，產生的幽默效果就越強烈。

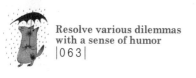

故弄玄虛也能製造妙趣

故弄玄虛是構成幽默的要素，有時在人際交往中發生失誤時，發揮急中生智，使這種失態玄虛化，也能化解窘境。

幽默的話語通常有這樣一個規律，經過轉折之後，讓人領悟到說話者想要表達的意思。

至於幽默的形式則不拘一格，只要能巧妙運用，就能達到預期的效果。

法國著名寓言詩人拉封丹有個習慣，每天早上一定要吃一顆烤馬鈴薯。

一天早上，拉封丹把一顆剛烤好的、熱騰騰的馬鈴薯放在餐廳的壁爐上，想等它涼一點再吃，隨後便到書房裡看書。可是，當他再回到餐廳時，放在壁爐上的馬鈴薯卻不翼而飛了。

拉封丹心想，這段時間只有僕人曾到過餐廳，於是故意大聲喊道：「哦，上帝啊，誰吃了我放在壁爐上的馬鈴薯？」

僕人聽到後，匆匆走過來說：「不是我。」

「那就太好了！」

「先生為什麼這樣說？」

「因為我在馬鈴薯上放了砒霜，想用它來毒死老鼠。」

「啊，上帝！我中毒了！」

拉封丹笑了笑說：「放心吧，我不過是想讓你說真話罷了。」

這裡，拉封丹用的正是故弄玄虛的方法。

故弄玄虛的懸念就是吊人胃口，在人急於知道的心態下，獲知的結果卻與期望中不相符合，這種出人意料就是含幽默。

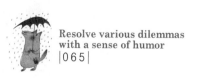

從前，有個外號叫「刮地皮」的縣令，聽說有個畫家畫得一手好畫，便拿了一張白紙讓畫家畫畫。

畫家本來不願意為縣令作畫，後來被催急了，就在那張白紙的一角題了「草地牧牛圖」五個字，把紙一捲，送給了縣令。

縣令很高興，立即把紙打開，可是左看右看，除了「草地牧牛圖」五個字，什麼都沒有。

縣令問：「草地到底在那裡？」

畫家說：「草被牛吃光了！」

縣令問：「那牛呢？」

畫家說：「草都吃光了，牛還留在這裡幹什麼？」

這個幽默故事裡，畫家利用一張平淡無奇的白紙故弄玄虛，使縣令強烈的心理預期落空，並且暗諷「牛還留在這裡幹什麼」。

值得注意的是，幽默的功力不僅在於設置懸念，還在於解釋懸念，而且解釋懸念時要有一定的邏輯才能服人。這時的關鍵就在於抓住一點可以在概念上沾上邊的細節來作爲推衍的支點，大加發揮。

例如，畫上沒有草，畫家說給牛吃了，因爲沾上了一點牛在現實環境中要吃草的邊，而顯得有一點「理」。

南北朝時期，北齊高祖身邊一個優伶叫石動筩，專門以幽默逗皇帝開心。有一次，齊高祖大宴近臣，出了一個謎語叫眾臣猜。謎面很古怪，叫做「卒律葛答」，大家都猜不出，只有石動筩猜對了——煎餅。

接著，齊高祖反過來叫大家出謎語讓他猜，眾臣都不敢，只有石動筩出了一個謎，也是「卒律葛答」。

齊高祖懵住了，問謎底是什麼？

石動筩回答說：「煎餅。」

當齊高祖問及為什麼照搬他的東西時，石動筩說：「乘你的熱鍋子，我再煎一個嘛。」

這是利用了現場的一種心理預期，既是新出謎語，必有新謎底，誰也不會想到竟是原來謎語的重複，這就是故弄玄虛的功能了。

但是，石動箭的幽默如果僅限於此，也就只是耍一點小賴皮而已，算不得上乘的幽默。他的傑出之處，在於他對這個謎底做了歪解，由煎餅的過程聯想出熱鍋子。雖然是照搬人家的謎語，但經過歪解便產生新的妙趣。

故弄玄虛是構成幽默的要素，並不是只有在純粹的玩笑中才用得上，有時在人際交往中發生失誤時，發揮急中生智，使這種失態玄虛化，進而產生幽默的效果，也能化解窘境。

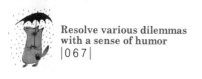

給仗勢欺人人一點教訓

真正有智慧的人，即使生氣憤怒的時候，也不會幼稚到用自己的腳去踢石頭，而是會用機智的方式表達自己的意思。

愛因斯坦初到紐約時，在大街上遇見一位朋友，這位朋友見他穿著一件舊大衣，便勸他換一件新的。

愛因斯坦回答說：「有什麼關係？在紐約誰也不認識我。」

幾年以後，愛因斯坦名聲大振，仍然穿著那件舊大衣，朋友又勸他去買一件新大衣。愛因斯坦說：「何必呢？現在大家都認識我了。」

在這則軼事中，愛因斯坦運用了形式上看來是互不相容的理由，以不變應

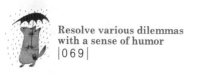

萬變。不管情況怎麼變換，行爲卻一點也不變。

這種說話方式在人際交往中很有實用價值，它能讓你在情況變換的情況下，找到有利於自己的理由，哪怕互相對立的理由，也都能爲己所用。

某甲很窮，但從來不肯奉承富人。

富翁說：「我有那麼多財產，你為何不奉承我？」

某甲答道：「家財是你的，你又不分給我，我為什麼要奉承你呢？」

富翁說：「好吧，我把家財分兩成給你，你該奉承我了吧？」

某甲笑著說：「才兩成而已？我不會奉承你。」

富翁想了片刻說：「那分一半給你，總該奉承我了吧？」

「分了一半，你我財產一樣多，我為什麼還要奉承你？」

富翁把心一橫說：「我把家財全送給你，怎樣？」

「哈哈哈！」某甲放聲大笑，「財產全給我，你就變成窮光蛋，我是大富翁，該你來奉承我了。」

這個說話方式的喜劇性在於矛盾的層層轉化，富翁越是期待奉承，就分給某甲越多財產；越是多分出財產，就越減少了被奉承的可能性。

對於某些不講道理或是仗勢欺人的人，使用這種方式，往往會讓他受到一定的教訓。

阿凡提有段時間當理髮匠，大阿訇（伊斯蘭教的傳道者）每次來理髮總是不給錢，阿凡提很生氣，便想找機會狠狠整他一下。

一天，大阿訇又來理髮了。阿凡提先把大阿訇的頭髮全部剃光，然後笑嘻嘻地問道：「大阿訇，你要眉毛嗎？」

「當然要，這還用問！」大阿訇回答說。

阿凡提嗖嗖嗖幾下，就把大阿訇的兩道眉毛刮了下來，遞到他手裡，高聲地說：「好，這是你的眉毛。」

大阿訇氣得說不出話來，誰叫自己說「要」呢？

「大阿訇，鬍子你要不要？」阿凡提又問道。

「不要！不要！」大阿訇連連擺手說。

「好，不要就給你刮掉！」阿凡提又嗖嗖嗖幾下，把大阿訇的鬍子統統刮了下來，甩在地上。

大阿訇對著鏡子一看，自己的腦袋和臉被刮得精光，活像顆光溜溜的雞蛋，這一下他可氣壞了，就罵了起來。「好個阿凡提，你竟敢這樣侮辱我！叫我怎麼走得出去！」

阿凡提說：「咦？我不都是按照你的吩咐去做的嗎？」

大阿訇辯不過阿凡提，只好捧著那顆光亮的腦袋，灰溜溜地走了。

歐洲有句頗有意思的諺語是這麼說的：「生氣的時候，如果去踢石頭，疼的只是自己。」

眞正有智慧的人，即使生氣憤怒的時候，也不會幼稚到用自己的腳去踢石頭，而是會用機智的方式表達自己的意思。

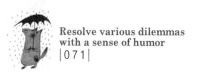

用類比方式反駁對方的說詞

類比幽默的幽默感是「比」出來的，對比的時機和媒介選擇越恰當，不協調程度就越強烈，所造成的幽默意境也越耐人尋味。

類比幽默法是指把兩種以上風馬牛不相干，甚至是完全相反的事物放在一起對照比較。在類比幽默中，對比雙方的差異越明顯，對比的時機和媒介選擇越恰當，所造成的不協調程度就越強烈，對方對差異性的領會就越深刻，所造成的幽默意境也越耐人尋味。

一個星期六的早晨，一位中盤商如往常一樣來到養雞場收購雞蛋。蛋農問中盤商：「今天一顆雞蛋收多少錢？」

中盤商回答：「一塊錢。」

「才一塊錢啊！這價錢太低了吧？」

「沒辦法啊！昨天我們中盤商聚在一起開了一個會，決定每顆雞蛋的收購價錢不能高於一塊錢。」

蛋農搖了搖頭，雖然不滿，也只能無奈地把蛋給賣掉。

第二個星期六早晨，中盤商又來這個養雞場收購雞蛋。他看了看雞蛋，質疑說：「這個星期的蛋怎麼都這麼小啊？」

「沒辦法啊！」蛋農說：「昨天我們的母雞聚在一起開了一個會，牠們做出決定，一塊錢實在太少了，所以不能生大蛋。」

一個是「人開會」，一個是「雞開會」，並列一比，絕妙橫生。

在類比分類時要產生幽默的趣味，恰恰要破壞日常生活的邏輯規律。

類比幽默的特點是反常規，將不同事物加以並列。由於類比幽默的方法簡便，在社交活動中，可以廣泛地用作自我調侃和朋友之間的戲謔。

用「出乎意料」製造效果

說出別人想不到的語言，表達別人想不到的含意，這樣往往會使你的語言具有特殊的魅力，能達到更好的表達效果。

說話之時，想讓聽者感到幽默風趣，最有效方法之一是他「出乎意料」。出乎意料是平時用得最多的一種說話技法，幽默的效果十分明顯，也最能激起人的心理反差。

一般人在聽別人說話的時候，都會有一種不自覺的心理預測，當你說完上一句話，他已經在預測下一句要說什麼了。如果你所說的果然「不出所料」，他就會感到平淡無奇，甚至索然無味；想製造效果，你所說的話必須「出乎意料」，並令他感到新鮮奇妙。

一位老太太拿著一本破舊的作業簿給巴爾札克看，問說：「大作家，你猜猜看，這小子長大後的成就如何？」

巴爾札克接過作業簿，認真地看了看上面潦草不堪的字跡，胸有成竹地評價說：「這小子既懶惰又任性，我想他一輩子都不會有出息。」

老太太聽後，笑道：「好小子，我還以為你們當作家的什麼都懂，沒想到，你連自己三十多年前的小學作業都看不出來！」

巴爾札克的評價是他看完作業簿以後的真實感受，孰料最終評價的對象卻是自己。評語與事實的截然相反正構成了反諷，讓巴爾札克大出意料之外！

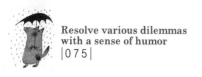

一位富翁遇到正在思考問題的蕭伯納，心懷惡意地問：「我願意出一美元來知道你現在在想什麼。」

蕭伯納抬起頭，望了金融家一眼，微笑著說：「我認為你不會想知道，我的思考的東西不值一美元。」

富翁聽了越感興趣，又問說：「那你究竟想的是什麼？」

「我想的正是你。」蕭伯納笑著答道。

「想的正是你」，大大出乎富翁意料，反諷之意頓時顯露。

說出別人想不到的語言，表達別人想不到的含意，是幽默的最根本宗旨。這樣往往會使你的語言具有特殊的魅力，能達到更好的表達效果。

事實上，所有的幽默都來自出乎意料的轉折，否則，就會顯得平淡無奇，達不到幽默的效果。

有三個美國年輕人去看足球比賽，正好坐在三個修女的後面，由於視線被修女們頭上的帽子擋住，心裡很不高興。

一個年輕人說：「這裡戴帽子的人實在太多了！我希望能住在俄亥俄州，那裡只有二十五座教堂。」

另一個說：「噢，我希望能住在愛達荷州，那裡只有二十座教堂。」

最後一個說：「噢，我希望能住在俄勒岡州，那裡只有十五座教堂。」

話剛說完，前面一位修女突然轉過身來說：「你們為什麼不去住地獄？那裡一座教堂也沒有！」

三個年輕人有的聳肩，有的吐舌，暗暗笑了，周圍的人聽了也樂開了。

上面的對話利用了語意遞減中的突然轉折，形成了幽默的效果。

三個年輕人所說的教堂數目，一個比一個少，在聽者的心理上形成了一種遞減的預測趨勢。此時，聽者心裡自然會預測修女一定會說出一個教堂更少的某個州。沒想到，修女的回應卻超出聽者的心理預測，竟然舉出一個連教堂也沒有的地方！這樣的反唇相譏讓大家都忍俊不禁。

出乎意料法的回應方式在日常生活中使用得相當多。值得注意的，這樣的回應可以不合常規，但一定要符合情理，即情理之中、意料之外，這樣才能製造出幽默的效果。

3

言語溫和勝過尖銳指責

人際相處，不可避免會有一些不愉快的事情發生，

面對這種情況，要少些批評、多些理解，

讓自己的溝通能力更上一層樓。

何必板著臉孔教訓別人？

採用幽默的語言點醒，以半開玩笑的方法指出對方的謬誤，效果往往比板著面孔教訓人更好。

想改變對方的想法或做法，必須懂得適時說些機智風趣的話，不能動不動就出口成「髒」。與別人意見相左的時候，也千萬不能當眾咆哮，一副沒知識、沒水準的大老粗模樣。

有一回，德國派代表和美、英、法三國就安全條約草案及補充條款進行談判，由於事關重大，過程進行得緩慢且艱苦。

某天，在持續好幾個小時的談判後，年過七十的德國總統阿登納因過於疲勞而提前退席，在場的美國代表羅伯特．鮑伊也感到十分疲倦，於是對德國代表格雷韋說自己不想再談，希望今天到此為止。

格雷韋並不願意中止談判，卻沒有直言相拒，而是低聲用拉丁文說了一句諺語：「允許宙斯做的，不一定允許牛做。」

在場的人聽了這句話，全都禁不住大笑起來，因為拉丁文中「牛」的發音正巧和鮑伊的名字相同。

笑聲成功驅走了疲倦，提振了氣氛，使談判得以繼續。

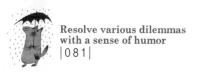

格雷韋用一語雙關的諺語，既表達自己的立場，也趁機調侃對手，可以說是「罵人不帶髒字」的精采表現。

王安石當宰相後推行新政，於天下大興農田水利，卻常常不顧實際情況，任意行事，以致勞民傷財。一天，劉貢父前去拜訪，正好碰上有人和王安石談農田水利建設之事，只聽見那人說：「梁山泊的面積很大，要是把水排淨，可得八百里良田，多好啊！」

王安石聽了這話非常高興，連連點頭道：「這辦法相當不錯，可是排出來的水要放在哪裡呢？」

劉貢父在一旁聽了，感到非常可笑，忍不住開口說：「乾脆在它旁邊再挖一個長八百里的水窪吧！這樣就可以裝下了。」

王安石馬上省悟，大笑說：「梁山泊的事，就別再說了吧！」

故事中，劉貢父沒有直接指出對方的荒謬，而是採用幽默的語言點醒，讓王安石在哈哈大笑中認識到自己此舉的愚笨。

由此可見，在談話中以半開玩笑的方法指出對方的謬誤，效果往往比板著面孔教訓人更好。

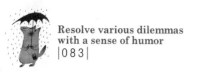

想罵人，一定得多動腦筋

細心研讀説話的各種技巧，掌握對方的心思後加以靈活應用，正面運用會使你更迅速擄獲人心，負面運用則可以更順利達成自己的目的。

想要用風趣的方式表達罵人的意思，就必須多動腦筋，學習「水平思考」的罵人藝術，口中說的盡是讚美的話，但是效果比髒話還要惡毒，讓人氣得牙癢癢，卻又莫可奈何。

「水平思考法」由心理學家耶脫瓦特．波諾博士提出，他並創造一種新鮮的觀念，稱爲「意識上可倒置事物的關係」。

確實如此，換個思維方式，往往可以把人損得啞口無言。

英國大文豪蕭伯納留給世人許多俏皮、機智，又極爲幽默的名言。

以下是一則極富幽默的笑話，可以看出蕭伯納由於應用了「水平思考法」，所以在對話中佔得優勢。

有一位演技差勁但美色出眾的女伶，自視頗高，平時生活在眾星拱月的環境當中，高傲嬌貴，一點也不將別人放在眼裡。

然而，她非常仰慕蕭伯納的才華。

某次宴會中，女伶和蕭伯納巧遇，她自信十足，展現出最迷人的笑容和語調，向蕭伯納說：「如果以我的美貌，加上你的才華，生下來的孩子，必定是社會中最優秀的頂尖人物！」

這位大文豪立刻還以顏色，毫不遲疑地回答：「如果這個孩子集了我的容貌和妳的才能，那將會是什麼樣子呢？」

頓時，這位女伶猶如被當頭潑下一桶冷水，只能愣愣地盯著這位大文豪，張口結舌，說不出第二句話。

蕭伯納以高度的機智抑挫了對方的狂妄，運用倒置順序的言語技巧，使對方的高傲發揮不了作用，可說是「罵人不帶髒字」的高手。

「狗咬人不是新聞，人咬狗才是新聞。」

這是執筆寫花邊新聞的記者們慣用的花招，把「狗咬人」這句再普通不過話當中的賓主易位，成功挑起讀者的好奇心，讓一件平凡小事成爲人人爭看、有價值的大新聞。

日常生活中，許多說慣了的寒暄應酬話，想必讓自己和對方都感到相當厭膩，不如試著變動這些話的主語、受詞的位置，也許能夠產生新奇的效果，讓對方留下深刻的印象。

想用幽默的心情面對讓人抓狂的事情，就得從小地方開始。

細心研讀說話的各種技巧，掌握對方的心思後加以靈活應用，正面運用會使你更迅速擄獲人心，負面運用則可以更順利達成自己的目的。

用幽默的語言澆滅對方的氣焰

面對錯綜複雜的人際關係，幽默風趣的談吐無疑是不可或缺的潤滑劑、興奮劑，甚至是消炎劑。

罵人需要一些幽默感，透過唇槍舌劍損人於無形，最忌心浮氣躁，指著對方的鼻子說出滿口髒話。

最高明的罵人方式就是不帶任何髒字，但所說的話卻比髒話還要毒辣，以下就是兩位罵人高手的精采過招。

有一回，前蘇聯與美國進行一場重要的政治談判，地點選在克里姆林宮。談判開始之前，美國國家安全事務顧問季辛吉故意問：「我是該對著花瓶講話，還

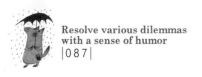

是要對著吊燈講話呢？」意在暗示到處裝有竊聽器。

前蘇聯外長葛羅米柯自然不甘示弱，馬上抬起頭，望著克里姆林宮大廳頂部一座半裸的浮雕女郎，回答道：「你對著它講吧！」藉以諷刺季辛吉的「風流」形象，反駁他的攻擊。

幽默的神奇功用之一，就在於讓對方愉快地承認自身觀點的謬誤。

幽默和諷刺正是一對孿生兄弟，將兩者結合起來駁斥謬論，揭露惡行，一般可以取得較好的效果。

在一座機場的大廳裡，許多旅客正秩序井然地排隊購買飛機票，此時，一個衣著講究、打扮成紳士模樣的男人闖到隊伍前面，指責售票人員效率太低，耽誤了他的寶貴時間，甚至擺出唯我獨尊的驕傲神情咆哮說：「還不快一點！你知道我是誰嗎？」

售票人員只平靜地看了他一眼，然後大聲對周圍的人說：「這位先生有些健忘，你們有誰可以提供幫助嗎？他忘掉自己是誰了。」在哄堂大笑聲中，原先盛氣凌人的男人馬上脹紅了臉，尷尬地回到隊伍後方去了。

面對無禮挑釁，售票人員能保持鎮定，巧妙地曲解原話，不著痕跡地嘲諷了那位「紳士」自私自利的行爲，打擊了不可一世的囂張氣焰，相當高明。這不僅是四兩撥千斤功力的絕妙展現，更展現了「罵人不帶髒字」的威力。

語出機敏、幽默風趣的風格最受人歡迎，能做到亦莊亦諧。面對錯綜複雜的人際關係，幽默風趣的談吐無疑是不可或缺的潤滑劑、興奮劑，甚至是消炎劑。若運用得當，能有效調節氣氛、放鬆心情、打破僵局、化解對立，讓雙方在輕鬆愉快的狀態下交流思想與資訊，求得共識。

違背預料往往能收意外功效

想要強力克制自己處於興奮、衝動、極度緊張時的言行舉止，是一件很不容易的事，但這種功夫往往能使對手極度不安。

根據資深警員們多年經驗得出的看法，被害者在面對竊賊時都有一種共同心理，就是恐懼被殺害。

逃走、呼救正是一般人遭受盜竊時的共同反應，盜竊者對於這種現象也有了防備的措施，料定被害人一定會驚嚇不已。如果狀況正好相反，對方不僅不逃走也不呼救，反而會令竊賊深感不安。

有一次，日本女作家曾野綾子的住宅被侵入，好幾名歹徒闖進臥室。

曾野綾子雖然非常害怕，但強自壓抑恐懼，鎮定地說：「帶走你們要拿的東西，然後滾蛋！」

歹徒們聽了這番話，不禁大吃一驚，誤以為她早有安排，於是什麼也不敢拿，慌慌張張地逃之夭夭。

對大多數人來說，想要強力克制自己處於興奮、衝動、極度緊張時的言行舉止，實在是一件很不容易的事，但這種功夫往往能使對手極度不安。

日本幕府時代末，江戶重臣勝海舟之所以能安然容於亂世，據說也是仰賴對此種心理要訣的運用。

有一則關於他的故事，日本人無不耳熟能詳。

一天，勝海舟在京都四條通散步，未料有一位蒙面刺客在蔭蔽處鵠候多時，一見勝海舟走近，立刻跳出來，用手槍指著他的胸口。

因力主開拓疆土，勝海舟在當時樹立不少政敵，如果被這位蒙面刺客槍殺身亡，便無人率領船隊到美國，不但近代文明無從輸入，開國更是無望。

勝海舟很快反應過來，隨即了解這是怎麼回事，不慌不忙、滿不在乎地說：

「別害怕，喏！瞄準這兒。開槍吧！老兄，請！」

勝海舟一面說著，還一面猛拍自己的胸脯。刺客看他愈走愈近，竟然嚇得立刻丟下了槍，轉身就跑。

實際上，任何人碰到上述情況，很難不恐懼。遇到刺客的勝海舟當然不是不害怕，但他控制得了自己的情緒，這就是高明的地方。

罵人的藝術也是如此，要懂得逆向操作，在極端盛怒、不可理喻的時候，加以讚揚；在不可一世、趾高氣昂時，澆下一盆冷水，這比責罵更能夠使對方深感意外，而收到良好效果。

這種罵人技巧一向爲領導階層慣用，但即使是日常人際相處，也不妨找機會試試看，相信同樣能收得意想不到的妙效。

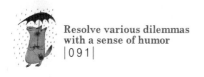

話說得太快，只會帶來災害

說出去的話就像潑出去的水一樣，你可能會淋濕別人，也很可能會淋濕自己。

說話說得恰到好處，可以廣結善緣，但若說話的時機不對，就很可能變成「狗嘴吐不出象牙」。

因此，我們在學習如何罵人不帶髒字之時，也應該時時警惕自己，說話不要說得太快。就算習慣了快人快語，頭腦運轉的速度也要比說話的速度更快。

一天，有個人到市場上買馬。

賣馬的人對買主說：「我這匹馬訓練有素，只要你說聲『感謝上帝』，牠馬上就會向前奔跑；如果說聲『阿門』，牠就會立刻停下來。你要記住這兩句話，千萬不要弄錯啊！」

買主聽了，不以為然地笑說：「那是你們這些門外漢的無稽之談吧！我養馬的經驗很豐富，相信我即使不說這兩句話，馬也會聽我的！」

說完，買主立刻付了錢，騎上馬背朝馬的肚子用力地踢了一腳。

馬受到刺激，瘋狂地往前飛馳，而且越跑越快。買主連忙大喊：「停！停！」只是，馬根本不理不睬，反而益發拼命地向懸崖奔去。

在這危急萬分的時刻，買主想起了賣馬人的話，只好照著他的叮嚀，放聲大叫：「阿門！阿門！」

此話一出，果然奏效，馬發出一聲長嘶，停下腳步。此時，他們距離懸崖的邊緣只剩不到一公分而已。

買主看著懸崖底下的萬丈深淵，不禁鬆了一口氣，擦擦額頭上的冷汗，驚魂未定地脫口而出說：「感謝上帝！」

沒想到話還沒講完，馬就載著他摔下懸崖。

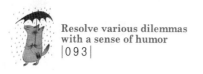

講話不經大腦，結果就是這樣！

人們常常因爲自己無意識的一句話得罪或傷害了別人而不自知。

英國首相邱吉爾過八十歲生日時，有一位應邀參加宴會的記者諂媚地說：「邱吉爾先生，我非常榮幸今天能來參加您的八十歲生日壽宴，希望將來我還能再來參加您九十歲的生日宴會。」

邱吉爾幽默地回答道：「我看你身體挺健康的，應該不致於無法參加我的九十歲生日宴會。」

這位記者原本是一番好意，但卻因爲用字遣詞不當，反而引起對方的不悅，想拍馬屁卻慘遭馬踢。因此，把話說出口之前，一定要經過再三思考。話說太快只會帶來災害，說出去的話就像潑出去的水一樣，你可能會淋濕別人，也很可能會淋濕自己。

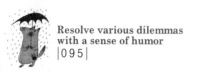

抓準心理漏洞，交涉更能成功

在心理上出現漏洞時趁機爭取利益，不失為一個好方法，讓對方無話可說，即使有怨也無處訴。

當你開口說話，逗得對方樂在心裡、笑在口裡的時候，忽然話鋒一轉，頂他幾句，無論是脾氣再怎麼莽撞、暴烈的人，也無法立刻還以顏色，因爲他的笑容都還掛在臉上，很難立刻收起來。

因此，如果要藉著語言達到某種目的，就必須先讓對方高興，最好到失態程度，接著再捕捉最恰當的時機，藉「語言」迫他贊成、同意或投降。

類似的運用，在商場最常見，例如以下實例：

一個表演團的代表要到某家酒店進行交涉，因為這家酒店的經理非常精明，答應支付的報酬太過低廉，必將讓表演團入不敷出。

但是礙於情面，表演團代表又很難拒絕對方，原來這位經理曾經在表演團發生財務困境的時候予以周轉。

該怎麼辦才好呢？

經過一整晚的思考，表演團代表終於想出一個好方法。

隔天餐宴上，她絕口不提酬勞的事，只是陪著酒店經理抽煙、聊天、說話，引得經理開懷大笑，然後代表主動說：「我們表演團的全體同仁，可以為您和貴店虧本演出。」

經理聽了這句話，更樂得眉開眼笑，呵呵的笑聲怎麼也止不住，想不到這位代表突然把臉色一沉，非常鄭重且嚴肅地說：「什麼！這有什麼可笑的？你把我當傻瓜，以為我真的是那種人嗎？好！你這個鐵公雞，我已經認清了。對不起，這次演出就此取消。」

接著她裝出憤而離席的樣子，讓那位笑容還掛在臉上的經理大為恐慌，只得

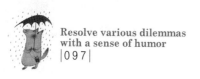

一把將她拉住，賠不是道：「千萬別這樣，有話好說、有話好說，關於報酬，我們可以從長計議。」

這個代表眞是位「最佳演員」，演出的效果好極了。於是雙方重訂合約，照舊演出，表演團終於獲得應有的利益。

罵人不是好事，但有些時候，不把心中的不平之氣宣洩出來，卻又對不起自己。這種時候，就要發揮罵人的藝術，給對方一點顏色瞧瞧。

利用對方在心理上出現漏洞，趁機爭取利益，不失爲一個好方法，巧妙使用這一招通常都能成功，讓對方無話可說，即使有怨也無處訴。

批評人格最是要不得

說話技巧好的人，必定懂得察言觀色，當對方勃然動怒時，能夠為自己找個台階下，化解緊張的火爆氣氛。

美國群衆心理學家巴克博士．在所著《內在的敵人》一書裡，曾探討過夫妻爭吵的原因。他以兩百五十對夫婦作抽樣調查樣本，研究爭吵時所用詞彙，發現其中最容易激怒對方的戰略，莫過於分析並侮辱對方的人格。

這是巴克博士所舉的實例：

妻子：「我知道，你又在開玩笑了！」

丈夫：「絕不是開玩笑，我最了解我自己。」

妻子：「我才不相信，我最了解你，看來人模人樣，實際上真不是東西。」

這段對話針鋒相對，充滿火藥味，是最失敗的罵人方式。這位太太如果眞說中了對方的瘡疤，她的丈夫必定暴跳如雷，因爲「眞不是東西」的辱罵，天下沒有幾個人能忍受得了。

凡具有破壞性的口角戰略，通常會遵循下列程序進行：

一、限制對方的性格。

二、互相批評對方的人格。

三、相互的人格破壞，而將對方擬物化。

當然，這原則不只限於夫妻吵架，擴大到其他較長時間接觸的人與人之間，也常常發生。

大企業的管理人員都會記得時時提醒自己，避免說出「你的特性是……」、「你天生就……」這類話，以免引起部下的反感。

人性的缺點之一，就是深信「江山易改，本性難移」，因此總是善於原諒自己，惡於寬恕他人。

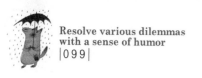

這種情況下，一旦被人掀開底牌，受到刺激，那股創痛，豈能忍受得了？

世界各地殺人案件都有逐漸增加的趨勢，尤其在美國的大都市如紐約、舊金山等地，更是駭人聽聞。以紐約為例，曾經在短短六個月之內，發生了一千三百四十六宗謀殺案。

心理學家分析，這些不幸事件之所以發生，多數都是由於被害者使用了惡毒的話語，成為悲劇發生的導火線。

例如，有被害人用最刻薄的方式對加害人說：「你這個沒出息的東西，一個大男人竟然連老婆也養不活，還欠下一屁股債！」

這句話非常嚴重地傷害了這名加害人的自尊，因而從一開始的憤怒、不安，逐漸轉變為緊張、激動，最後瘋狂地舉刀殺人，符合心理學上「心理慘遭挫敗，導致行動發洩」的理論。

當自尊遭到無情傷害，如果不能以較緩和的行動排除蓄積在胸中的忿怒，心理上的強力挫敗將可能轉爲一股強勁的憤怒，導致喪失理智，做出傻事。

遇到這種狀況，應設法疏導，化乖戾爲祥和，避災禍求平安。說話技巧好的人，必定懂得察言觀色，當對方勃然動怒、怒火中燒時，爲自己找個台階下，化解緊張的火爆氣氛，不讓彼此的關係繼續惡化下去。

和性格敏感的女孩子講話，更應格外地愼選措詞、用語。女性大都非常不能忍受傷害自尊心的話語，若對方眞的長得不好看，「妳長得蠻漂亮」這種近於諷刺外貌的話便絕對不能說，要避免談及美或不美的問題。

如果眞的沒辦法閃避類似話題，不如單刀直入：「妳雖然長得並不漂亮，可是相當迷人，妳的談吐、妳的舉止，在在都令我著迷。」

說話的時候，要注意避免觸及可能傷害他人自尊的敏感話題，萬一不小心點到，則要儘快設法緩和氣氛，如此才能讓社交場合的氣氛更加圓融美好，人際關係更爲和諧。

言語溫和勝過尖銳指責

人際相處，不可避免會有一些不愉快的事情發生，面對這種情況，要少些批評、多些理解，讓自己的溝通能力更上一層樓。

每個人都有失誤的時候，因此不可過度苛求。

批評他人，應講究說話的技巧，不能用譏諷、挖苦的態度應對，傷害對方的自尊心。以平和、溫和的態度去面對你的批評對象，剔除主觀成分，將表情、態度、聲調加入到客觀的批評話語中，會產生較積極的效果。

對方有了缺點或犯下錯誤，如果一味橫加批評、講刺傷別人的話，或苛刻數落，例如：「你辦得怎麼這麼糟？」「做事爲什麼這樣不細心？你這樣對得起我嗎？」等等，絕對不妥當。

除了爛人之外，絕大多數人做錯事，內心會展開反省，覺得抱歉、恐慌、不知所措，此時如果再加以嚴厲批評指責，他極可能會因此感到羞愧難過。

因此，不妨換一種語氣，以取得較好的效果。

你可以這麼說：「以後做事，自己可要多加注意了。」或者：「我想，下次你一定不會再犯類似的錯誤。」

如此一來，對方不僅會感激你對他的信任，同時會感受到你付出的眞誠，更重要的是有了改正錯誤的信心。

美國空軍有一位著名的飛行員，經常參加飛行表演。

有一次，他在聖地牙哥舉行表演後，返回洛杉磯駐地途中，飛機引擎突然熄火。雖然他憑著熟練的技術成功迫降，保住了性命，但飛機本身因此遭到嚴重損壞。檢查結果，發現是燃料添加上出了問題。

回到機場後，他立刻找上了為座機服務的機械師。

對方是個年輕人，正為因疏忽犯下的過失感到苦惱，深深自責，因為自己不僅毀了一架造價非常昂貴的戰機，更差點使機上三人送了命。

但是，出乎意料的事情發生了——飛行員沒有怒氣衝衝地批評、指責這位機械師的失誤，而是上前摟著他的肩膀說：「為了表明我堅信你不會再這樣做，希望你以後繼續為我提供優質服務，如何？」

後來，這位機械師不但沒有再犯錯誤，而且表現得更加出色。

針鋒相對並不是最好的策略，倒不如以溫和的態度傳達自己的意思。

試想，如果當時飛行員劈頭蓋臉就給這位機械師一頓諷刺打擊，或是嚴厲的批評，不僅會大大地傷害對方的自尊心，還會使他變得更沮喪、自卑、畏首畏尾，甚至放棄本來可以做得很好的工作，也放棄了整個人生。

人與人相處，不可避免會有一些不愉快的事情發生，面對這種情況，要慎用辭令，巧於交際，少些批評、多些理解，如此才能讓自己的溝通能力更上一層樓，更受人歡迎。

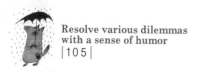

為人文雅，偶爾也可以說粗話

以粗話發洩心中「罪惡感情」，能夠有效降低心理上的負荷，排除鬱悶，使犯罪行為減低。

一般人都有一種想法，就是不可說粗話，就算想要罵人，也不可以「出口成髒」。但這種想法眞是「完全正確」的嗎？

心理學家認爲，那些積存在心中的負面情緒應該設法紓解，而不是一味壓抑，萬一壓抑不住，就會像火山爆發。偶爾說說髒話也是一種紓壓的方法，但是，要記住，不要用髒話傷害別人。

法國知名小說家佐拉，在名作《酒店》中，有一段描寫兩名巴黎洗衣婦吵得面紅耳赤的場面：

「到那邊去！騷貨，別在這裡坐冷板凳了！」

「臭三八！妳還算是人嗎？撒泡尿自己照照吧！」

「妳這渾身騷味的狐狸精！下三濫！」

「說我？妳還是趕緊洗洗臉、刷刷牙，今晚到貝姆街街角去拉客吧！」

無論是誰，在爭論中聽見類似的言語，相信必會忍無可忍。

有時候，當你承受難以忍受的汙辱，或是內心感到分外壓抑時，不妨破例罵個一兩句粗話。

低水準的咒罵往往是戰勝對手的絕技，但必須謹慎使用。

在氣頭上說出來的難聽話，覆水難收，很難再和對方復交，因此，除非一開始就抱定未來將互不往來的念頭，否則不應輕易使用。

當然，無論從任何方面來說，使用此法確實應仔細衡量狀況，尤其必須避免觸及以下三點：

一、生理上缺點：胖、矮、瘸、聾、醜等。

二、身份上的卑賤：乞丐、私生子、拖油瓶、妓女等。

三、能力上的低差：白癡、性冷感、呆子、騙子等。

任何人或多或少都有自卑感，你所講的話離自卑感的核心越遠，就越不容易挑起怒火，反之，則越容易成爲點燃爭吵的導火線。

一旦觸碰到上述三點任何一方面，理智的判斷會立刻消失，代之而起的是一種動物性的原始防衛本能。

有人說，絕對不可傷了別人的自尊心，就是這個道理。

罵一句粗話，確實可以幫助發洩心中的諸多不滿，疏解鬱積的情緒。

我們當然不鼓勵說粗話，但是在必要時，仍可權衡輕重，適時使用。若是聽見別人用到了它們，也要能敞開心胸接受。

不堪入耳的粗話諸如「三字經」等等，文雅守禮的人，於正常的人際關係當中，最忌使用，體面的紳士淑女們更不好意思說出口。

但是在美國紐澤西州的監獄裡，不但不禁止，反而率先倡導使用。

以粗話發洩鬱積在心中「罪惡感情」，能夠有效降低犯人心理上的負荷，

透過這種另類的「淨化作用」，使曾在該監獄服刑的罪犯，「回獄」的比率降

至百分之〇．七％。

這個方法也確實適用於一般人，當心中存有不滿和隔閡時，可以到人跡不至的地方，大罵幾句粗話，作爲犯罪行爲的代替，以排除心胸的鬱悶，並有效降低肇事可能性。莫怪乎曾有人如此主張，解決夫妻爭吵的好方法，是乾乾脆脆、痛痛快快地大吵一番，這完全符合上述的道理。

當然，夫妻爭吵時不需要使用粗話，但是爲了在爭吵時徹底消除彼此心中的不快，不妨彼此罵些壞話。

徹底將怒氣發洩出來之後，往往不一會兒就能完全平靜下來。只要牢記一個原則——不要傷了對方的自尊，不撕破臉，如此多半能收到排解負面情緒的效果。

我們絕不「鼓勵」罵髒話，但在發洩情緒的前提下，這的確是一種可以有效達到目的的方法，可斟酌採用。

4

罵人，一定要拿捏分寸

諷刺像一把雙刃劍，可以使你受益，

也可以使你受損。用得恰當，它是利器，

用之不當，便會惹事生非。

罵人，一定要拿捏分寸

諷刺像一把雙刃劍，可以使你受益，也可以使你受損。用得恰當，它是利器，用之不當，便會惹事生非。

譏諷，在交際性的語言當中，是一種有較大刺激作用和感情色彩的表達方式，效果非常強烈。

譏諷性談吐具有含蓄、幽默、風趣、辛辣等特點，是一種「攻擊」語言。它透過比喻、誇張、反語等修辭手法，來表達說者的輕蔑、貶斥、否定的思想感情，能收到罵人不帶髒字、回擊挑釁等效果。

在交際場合中，人身攻擊之類的不愉快狀況在所難免，如果你不想吃啞巴虧，譏諷將成爲最好的防身盾牌。反唇相譏是門技術，必須做到「藏中有露，露中有藏」，若盡藏則不知所云，若盡露則赤膊上陣，毫無學問。

蕭伯納的《茶花女》即將上演，他派人給邱吉爾送去兩張票，並附上一張短箋：「親愛的溫斯頓爵士，奉上戲票兩張，希望閣下能帶一位朋友前來觀看拙作《茶花女》的首場演出——假如閣下這樣的人也會有朋友的話。」

邱吉爾回信道：「親愛的蕭伯納先生，承蒙賜戲票兩張，十分感謝。我和我的朋友因為有約在先，不便分身前去觀看《茶花女》的首場演出，將改觀賞第二場——假如你的戲能演到第二場的話。」

一個嘲譏政治家只有對手，沒有朋友；一個反譏戲劇家的戲劇可能短命，不會長壽。譏中含趣，樂中有戲，相當高明。

對於生活中的蓄意挑釁，我們也可以運用譏嘲維護自己的尊嚴。

當然，諷刺要掌握分寸，不宜隨意使用，需要區別對象、場合。

諷譏之言，就動機來說，有善意與惡意之分。對敵人的諷刺要針鋒相對，不留情面；而對一般人的諷刺，則應是善意的，用意在於引起警覺，絕不是刻意出對方的洋相，藉以取樂。

進一步來看，不要以為自己會諷刺，就到處挑戰，稍不如意就對別人挖苦譏笑，惡語中傷。這樣不但會傷害別人的感情，使自己孤立，成為眾矢之的。

諷刺像一把雙刃劍，可以使你受益，也可以使你受損。用得恰當，它是利器，用之不當，便會惹事生非。

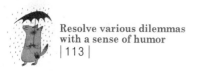

過度指責，溝通更受挫折

過往的成功溝通經驗告訴我們：學會寬容和尊重，才能更和睦地與人相處，與人共享生活的點滴樂趣。

俗話說「一樣米養百樣人」，確實一點也沒錯。

有的人只相信自己，不相信別人，讓人避而遠之；有的人總喜歡嚴厲地責備他人，使對方產生怨恨，不知不覺讓溝通難以進行，事情也辦得一團糟。

這兩種待人處世的方式都不理想，因爲只有不夠聰明、不懂溝通的人，才動輒批評、指責和抱怨別人。

不妨檢討一下自己，是不是也有喜歡責備別人的毛病？

若身爲公司主管，分配下去的某件工作沒有做好，我們很可能不是積極地去尋找原因，研究對策，而是指責下屬：「你怎麼搞的？怎麼這麼笨？」

這種時候，下屬會有什麼反應？

他可能什麼也不說，但在內心會覺得你不近人情，從而導致怨恨產生。不快情緒日積月累，必會大大阻礙彼此的正向溝通互動。

有一則笑話是這樣說的：

這天，丈夫回到家，發現屋裡亂七八糟，到處是亂扔的玩具和衣服，廚房裡堆滿碗碟，桌上都是灰塵。

他覺得很奇怪，就問妻子：「發生什麼事了？」

妻子沒好氣地回答：「平日你一回到家，就皺著眉頭對我說：『這一整天妳都幹什麼了？』所以今天我就什麼都沒做。」

動不動就開口罵人，實在不是一種好習慣，會在傷害別人的同時也傷害自己，讓彼此都不好過。

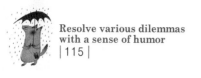

接下來，讓我們看一些實際的例證：

一八六三年七月，蓋茨堡戰役展開。眼見敵方陷入了絕境，林肯下令要米地將軍立刻出擊。

然而，米地將軍遲疑不決，用盡各種藉口拒絕，結果讓敵軍順利逃跑了。林肯聞訊勃然大怒，立刻寫了一封信給米地將軍，以非常強烈的措辭表達了自己的極端不滿。

但出乎他人想像的是，這封信並沒有寄出去，林肯死後，人們在一堆文件中發現了這封信。

林肯爲什麼不將信寄出？這是相當值得深思的問題。

也許林肯設身處地設想了米地將軍抗命的原因，也許他預想了米地將軍見到信後可能產生的反應，可能會憤怒地爲自己辯解，也可能會在氣憤之下乾脆離開軍隊；無論哪一種，都對大局無益。

木已成舟，把信寄出，除了使自己一時痛快以外，還有什麼好處呢？答案是顯而易見的。

不要指責他人，並不代表放棄必要的批評，而是要要抱著尊重他人的態度，以對方能夠接受的方式表達意見。

曾有一家工廠的老闆，一天巡視廠區，正巧看到幾個工人躲在庫房吸煙。庫房是全面禁煙的，但這位老闆沒有馬上怒氣衝衝地責備工人說：「你們難道不識字，沒有看見禁止吸煙的牌子嗎？」而是稍冷靜了一下，接著掏出自己的煙盒，拿出煙給工人們說：「試試這個牌子的煙吧！如果你們能到屋子外去抽，我會非常感謝的。」

工人們一聽全都感到相當不好意思，紛紛掐滅了手中的煙。

我們喜歡責備他人，常常是爲了表現自己的高明，有時也帶有推卸責任的目的。這都是不對的，古人講「但責己，不責人」，就是要我們謙虛一些，嚴

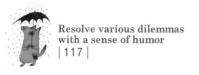

格要求自己一些，這只有好處，絕無壞處。

在想要責備別人的不是之前，請閉上嘴，對自己說：「看，壞毛病又來了！」這麼一個小動作，將可以幫助你逐漸改掉喜歡責備人的壞習慣。

尖銳的批評和攻擊，所得的效果必定是零，因爲你想指責或糾正的對象會爲自己辯解，甚至反過來攻擊你。

過往的成功溝通經驗告訴我們：學會寬容和尊重，才能更和睦地與人相處，與人共享生活的點滴樂趣。

氣氛越輕鬆，你越容易成功

與人溝通的一大竅門，就在於找出彼此都感興趣的話題，將距離拉近，如此將有效消除雙方的陌生感，活絡談話氣氛。

活在這個商業社會，要靠做生意賺錢，就免不了得與客戶打交道、進行交流，否則無從獲利。既然彼此間有利益關係存在，更需要注意交流的方式。與客戶交流時，應力求語言簡明扼要，能準確抓住重點，使對方有興趣和耐心繼續聆聽。

除了語言簡明，說話得體也很重要，因爲不得體的語言容易造成尷尬的局面，甚至傷人自尊。

爲了與客戶順利進行交流，一定要注意自己的語言表達方式。

在與客戶交流時，由於雙方關係可能存在對立或不夠熟悉，容易使談話陷入僵局。爲了有效避免這種狀況的出現，應當儘量製造輕鬆、和諧的談話氛圍。

事實上，雙方必定都希望能在輕鬆自如的氛圍下進行交流，可是，很多時候卻由於找不到共同的話題，無法打破僵局。

這時候，大可以拋開主題，另尋一些有趣的話題，如此既活躍了談話氣氛，又淡化了彼此的陌生感。發生在自己身邊的一些小事物就是非常好的討論話題，越是與日常生活相關，越能引起共鳴，進而達到心靈上的溝通。

第一次世界大戰時，美國女權主義者南茜拜訪了英國首相邱吉爾。邱吉爾熱情地接待了她，但由於彼此相當陌生，一開始不知說些什麼好，氣氛自然顯得有些沉悶、尷尬。

邱吉爾畢竟是老道的政治家，為了打破僵局，於是開始說起一些家常趣事。他說：「一次，我和妻子吵架，她兩天不與我說話，後來我實在憋不住了，就對她說：『你這樣對我，不如乾脆點，直接往我的咖啡裡放點毒藥！』」

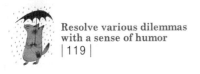

南茜出神地聽著，被邱吉爾的描述吸引了注意力。

邱吉爾接著又說：「她聽我這麼說，頓時覺得自己的做法有點過分，因為我的過錯畢竟沒那麼嚴重，不至於到要喝下有毒咖啡的地步哪！」

說完，兩人都笑了，氣氛得到明顯的和緩。

幽默是語言的精華，想要建立良好的人際關係，或是改變對方的認知，成功地使事情朝自己期望的方向發展，非但不能口出髒話，更要用幽默的說話方式，把自己的意見滲透到別人的心裡。

與人溝通的一大竅門，就在於找出彼此都感興趣的話題，將距離拉近，如此將有效消除雙方的陌生感，活絡談話氣氛，提高溝通成功的可能性。

適當的讚美助你事半功倍

當對方犯了錯誤，不要毫不留情的給予指責，最好的溝通方式是透過讚美先緩和關係，然後再給予適當責備。

人們受到責備時，多少會感到不痛快，因此必須謹慎行事。成功的指責是一種讚美，失敗的指責則正好相反，足以導致人際關係的動搖。

指出別人的錯誤，是對別人某項特質或某種行爲的否定，而否定又有輕重之別，應該針對犯錯者的個性採取區別對待，採用適當的方法分別指出。

如果你是公司老闆，見到員工在工作中出現失誤，你就應當講究指正方法，做到因人而異，使溝通發揮積極意義。

有的員工因爲本身個性的原因，常常缺乏幹勁，沒有主動性。對於他們的毛病，強硬指責往往無濟於事，因為主動性必須從內心眞正激發出來，而非僅憑外在壓力。

對待他們，指責只能是隱晦的，更適當的方法是進行激勵，或儘量調整職務內容，把工作與他們的專長和興趣聯繫。

以激勵替代指責，如此的溝通方法還能使員工產生責任感，在這種溝通模式下，員工必然心服口服，因爲努力得到了承認，積極性也得到了肯定。

有些時候，你可能會碰上一些比較「特殊」的人，無論怎麼批評、怎麼指責，對方都只是聽之任之，我行我素，依然如故。

千萬不要因此動怒，事實上，還是有溝通的方法。

有位女經理，精明強幹，手下的一班幹將也都十分出色，但前不久一名助手因為遷居而調職，由一位剛畢業的大學生接任。

這位新來的女大學生，人長得漂亮，又很會打扮，專業能力也很強，但做起事來馬馬虎虎，接手不久便出了不少狀況。

女經理一開始還忍著，認為一段時間之後會有改善，但事與願違，對方仍然是老樣子。非但如此，這個女孩把任何批評、責備都當耳邊風，讓人又氣又急，偏偏拿不出辦法。

有一天，那位女經理突然靈機一動，決定改變溝通方式——減少責備，把重點放在稱讚對方的優點上。

一天，這個女孩換上一身新衣，梳了時下較流行的髮型來上班。女經理一看，覺得機會來了，便馬上稱讚說：「這身衣服真不錯，再配上這個髮型，實在漂亮。要是妳工作起來也能一樣漂亮就好了！」

女孩聽了，臉一紅，馬上意會到經理話中有話。

沒想到這個辦法真靈驗了，不出幾天，那女孩的表現就好了很多，一個月後，表現出非常出色的工作成績。

日常生活中，我們免不了要批評別人，也免不了會遭人批評。批評不全然是壞事，因爲人想要進步，就得虛心聽聽別人的建言，才能改善自己的盲點。

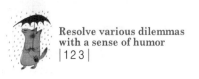

可是，忠言逆耳，即使是最善意的批評，還是可能被認爲是在找麻煩。因此，想讓對方聽進自己的批評，就得多費點心思。

溝通的目的，在促進彼此理解，因此可以透過許多途徑進行，責備固然是一種，但最好少用。

要使對方理解自己的想法，可以從另一個角度出發，利用稱讚來使他們改掉毛病，進而達成目的，提高整體的工作效率。

當對方犯了錯誤，不要毫不留情的給予指責，最好的溝通方式是透過讚美先緩和關係，然後再給予適當責備。

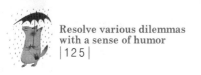

何必管討厭鬼的媽媽嫁給誰？

只要你認為是正確的，那就放手去做吧！反正嘴巴長在別人臉上，你又何必管那些討厭鬼的媽媽嫁給誰呢？

中世紀文學大師但丁曾經勸喻世人：「走自己的路，讓別人去說吧！」

當你受到別人嘲笑時，通常都會怎麼反應呢？

別人的嘲笑只代表了那個人無知的見解，並不表示他的看法一定正確。別人的嘲笑只代表你不被人了解，並不表示你的行爲眞的有問題。

爲人處世當然要以和爲貴，但是遇到那些喜歡批評別人的討厭鬼，如果你眞的嚥不下那口氣，就要懂得反唇相譏。

漆黑的夜裡，一個瞎子一手提著燈籠，一手拄著枴杖走在路上。

突然間，有個人迎面走來。他看見瞎子這個模樣，便停下腳步，以嘲笑的口氣說：「你不但眼睛瞎，還是個大傻瓜，難道你不知道對盲人來說，白天和黑夜根本就是一個樣？瞧你這樣子，簡直就是『瞎子點燈白費蠟』！哈哈哈……真是笑死我啦！」

瞎子沒有生氣，平靜地反問那人說：「你知道這個燈籠是給誰用的嗎？」

「這還用說嗎？」那人的口氣很不屑：「我看你是幫鬼照路吧，反正你自己又用不著點燈！」

「是啊，你說對了！」瞎子反唇相譏：「我這個燈籠正是給鬼用的，尤其是你們這些冒失鬼！你想想，如果我手裡沒有提著燈籠把路照亮，剛才說不定就會被你這個冒失鬼撞倒在地呢！」

別人的嘲笑或許會影響你的情緒，但是不應該影響到你的意志。別人的嘲笑或許會令你難過，但是並不應該把你擊垮。

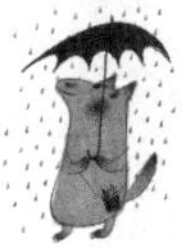

任何一個偉大夢想的起始，都曾經遭受世人嘲笑。例如英國工人史帝文生造火車，例如愛迪生異想天開地發明電燈。瞧，大多數人都認爲不可能的事，不代表那就一定不可能成眞啊！

別人的嘲笑，只是讓人更堅定自己的信念而已。只要你認爲是正確的，只要你認爲是你該做的，那就放手去做吧！反正嘴巴長在別人臉上，你又何必管那些討厭鬼的媽媽嫁給誰呢？

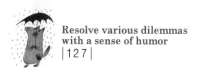

笑臉迎人，勝算更多好幾分

溝通之時如果少了微笑，言語將顯得黯然無味，倘若少了和氣，交流也無法進行下去。

在商場上，和氣方能生財。

想要健全溝通，首先應試著用笑臉去面對合作夥伴、對手，如此一來，即便處於不利地位，也能夠扭轉乾坤。

有人天生脾氣好，走到哪裡都能笑臉迎人，與人溝通、交往的過程中，多半能佔便宜。由此可以知道，學會笑臉迎人，是一種難得且富智慧的謀略。

漢初劉邦去世後，匈奴單于趁機欲侵吞漢朝疆土，還寫了一封十分欺侮人的

信給呂后，信上說：「妳最近死了老公，我也正好死了老婆，不如妳就帶著江山來跟我過吧！」

可想而知，呂后看了這封極盡侮辱能事的信，恨不得宰了匈奴單于。但她到底是一個厲害的角色，冷靜衡量了利害關係後，採取了微笑外交，順水推舟地回信說：「我老了，只怕不能侍候大可汗。不過，我們宮中年輕貌美的人倒有。」並送了一名宮女和番，輕描淡寫地避過一場毀滅性災難。

當時，呂后要是負氣動武，結果可想而知。事實上，早在八年前，劉邦便曾親率大軍征討匈奴，但一戰即敗，被困在山西定襄，差一點遭到活捉。劉邦尚且如此，更遑論呂后。

但硬的不行，軟的卻達到了目的。劉邦的戰爭策略失敗，呂后的微笑外交則確保了國家的平安。

以上例子說明，微笑外交是處於不利地位的弱者應採取的交際謀略，使人們得到喘息空間，能於隱忍中求發展。

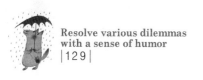

至於在一般情形下，微笑外交的主要作用，則在於製造良好的生存發展環境與氣氛。用微笑去對待每一個人，你將發現溝通變得比想像更容易。

微笑，不花費什麼，卻能創造出許多奇蹟。它豐富了那些接受它的人，而又不使給予的人蒙受損失；它產生於一剎那間，卻讓人留下永久的記憶；它創造人際關係的和諧和快樂，建立人與人之間的好感，它是疲倦者的避風港、沮喪者的興奮劑、悲哀者的陽光。

任何人都有幽默感，認爲自己不懂幽默的人，不過是把它深藏在無人知道的角落裡。跟別人在一起時，可以說說笑話，那樣有助於提升幽默感。但是，說的笑話必須慎選，萬萬不可是低級的笑話，或是尋別人開心的惡作劇，否則很有可能達到反效果。

溝通之時如果少了微笑，言語將顯得黯然無味，倘若少了和氣，交流也無法進行下去。將微笑與和氣融於溝通當中，就等於爲談話添加籌碼，爲獲利種下希望的種子，產生極大幫助。

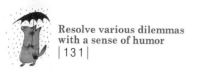

無法說「不」就是最有力的說服

說「不」字容易造成情緒對立，既然要說服一個人，就要讓他從開始便無法反對，這是談判桌上最要緊的事。

你應該聽過蘇格拉底的大名，卻未必知道他是個高明的談判者。

古希臘哲學家蘇格拉底以論辯見長，創立的問答法至今還被世人公認爲「最聰明的勸誘法」，原則如下：與人談判時，不要在一開始便討論分歧的觀點，以免對方產生心理上的反感。應著重強調彼此共同的觀點，等到雙方觀點取得基本共識後，再自然地轉向自己的主張。

簡單歸納蘇格拉底勸誘法的做法和特點，就在於開之時便要讓對方連連說「是」，一定不要讓對方說「不」。

某電器公司的營銷主管艾里森曾有如下經歷。一次，他前往拜訪一家公司，企圖推銷一批新型電動機，沒想到抵達之後，對方的總工程師劈頭就說：「艾里森，你還指望我們會買你的電動機嗎？」

經過詢問，艾里森得知這家公司之所以表示不滿，是因為認為他們所生產的電動機發熱超過正常標準，品質大有問題。

他很清楚與對方總工程師強行爭辯沒有任何好處，腦筋一轉，決定採取蘇格拉底勸誘法進行說服。他刻意詢問總工程師：「先生，我能理解你的想法，也相當贊同。假如電動機發熱超過標準，非但不可能再買新的進來，還會希望連舊的也退回給原廠商，是吧？」

「是的。」

「當然，電動機在運轉過程中一定會發熱，但沒有人希望它的熱度超過規定的標準，是不是？」

「這當然。」總工程師又一次表示贊同。

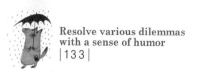

衡量著已到時機，艾里森決定開始討論具體問題。他問道：「按標準，電動機的溫度可以比室溫高出華氏七十二度，是吧？」

「是的，但你們的產品溫度卻比這高得多，根本不能用手去摸。你說，這難道合乎標準嗎？」

由於掌握了足夠的事實，艾里森也不與他爭辯，只反問：「你們工廠車間的溫度多高呢？」

總工程師回答：「大約是華氏七十五度。」

艾里森一聽，興奮地拍著對方的肩膀說：「好極了！車間溫度是華氏七十五度，加上電動機應高出的華氏七十二度，約為華氏一百四十度左右。想想，若是把手放進華氏一百四十度的熱水裡，難道不會被燙傷？」

總工程師一聽，頓時愣在當場，無法再反駁。

艾里森接著說：「請您放心，高溫完全屬於正常現象，以後請千萬不要再用手去摸電動機了。」

談判至此結束，艾里森不僅成功說服對方，消除對產品的不正確偏見，還接著又談成一筆生意。

艾里森的致勝關鍵，就在於一開始所問的問題，都是談判對手所贊同的，憑藉一系列機智而巧妙的發問，獲得許多答案爲「是」的正面反應。

一旦開始說「是」，便會使整個談判情勢趨向於正面、肯定，並且使參與雙方的心理需要得到滿足，於輕鬆、和諧氣氛下繼續談判的進行。

相反的，說「不」字容易造成情緒對立，致使談判氣氛緊張。正如一位談判專家所說：「『不』字造成的反應是談判最難克服的障礙。一個人說『不』之後，即便馬上覺得自己錯了，自尊心也絕不允許他改變，只能一味堅持下去，導致氣氛越來越僵。」

透過以上經驗與事例，可以知道，既然要說服一個人，就要讓他從開始便無法反對，這是談判桌上最要緊的事。

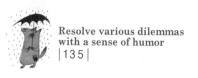

和傻瓜爭論，只顯得自己愚笨

> 極力想證明自己不是傻瓜的人，益發擺明了自己就是一個如假包換的傻瓜。
> 否則，又何需介意人家把他當成個傻瓜呢？

喜歡和傻瓜爭論的人，只會顯得自己和傻瓜一樣愚蠢，既把傻瓜的問題往自己身上攬，也會落得被人看輕的下場。

要讓一個人承認他笨，唯一的方法，就是讓他親眼見識自己的愚蠢，而不是浪費口舌和他爭論。

有兩個傻瓜非常想找人證明他們不是傻瓜。只是，該找誰證明呢？

傻瓜甲提議找法官證明，因為法官的判決最公正了！

但是，傻瓜乙聽到這個提議，立刻反對說：「不能找他，上個月，我向法官控告我的鄰居在夢中打我，要求法官懲罰他們，誰知道法官根本不接受我的訴訟，還很無理地把我轟出門。我看，我們還是找鞋店老闆吧，他可是我們這個鎮上最聰明的人呢！」

「不不不，千萬不能找這傢伙。」傻瓜甲趕緊揮手反對說：「前幾天，我到他的鞋店去買兩只方向相同的鞋子，他說什麼也不肯賣，除非我一次買兩雙鞋。哼，我看這個人啊，根本就是腦筋有問題，咱們還是找教堂裡的牧師吧，他說的話可都是真理咧！」

兩名傻瓜於是結伴去找牧師，請求牧師說：「大家都叫我們倆傻瓜，這簡直是對我們最大的侮辱，因此，我們想聽聽您的意見，如果您真的認為我們是傻瓜，那麼您就當著我們的面直說，但若不是，就請您要求鎮上所有人都承認我們兩個是聰明人吧！」

牧師對這兩個傻瓜幹下的傻事早有耳聞，歪著頭想了想，偷偷命僕人在一個小盒子裡放了隻老鼠，然後，把小盒子交到兩名傻瓜手上，對他們說：「你們究竟傻不傻，不是我說了算，要由盒子裡頭的精靈說了才算。這樣吧，你們帶著精靈回家，和他相處一個禮拜。一個禮拜之後，再由精靈評判你們是不是傻瓜吧！要記著，這一個禮拜當中，你們千萬不能打開盒子，如果放跑了精靈，就證明你們兩個的確是不折不扣的傻瓜。」

兩個傻瓜帶著小盒子回到家裡後，完全抑制不住自己的好奇心。他們把家裡的門窗全部關上，然後戰戰兢兢地打開小盒子。

突然間，有個黑黑的東西從盒子裡跳出來，他們倆都還沒有把那東西看仔細，它就一溜煙地鑽進牆洞裡不見了。

兩個傻瓜你看我，我看你，誰也無話可說。他們只好無奈地嘆道：「我看我們還是繼續當傻瓜吧，誰叫咱們倆把裁判放跑了呀！」

眞正聰明的人，不會介意當個傻瓜。因爲他知道學海無涯，自己不知道的事情永遠比知道的更多，所以不會鬧笑話。

反倒是極力想證明自己不是傻瓜的人，益發擺明了自己就是一個如假包換

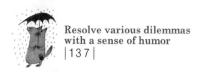

的傻瓜。否則，又何需介意人家把他當成個傻瓜呢？

經常喜歡和別人爭辯道理，試圖說服對方的，往往也是個傻瓜。因爲，如果認爲對方比你聰明，那你應該聽從他的道理才是；如果認爲對方不如你，又怎麼會以爲他聽得進你說的話呢？

和傻瓜講道理的人，其實才是最傻的。

所以，遇上傻瓜時，應該學學牧師的做法。不要試圖改變對方的想法，也不要評斷對方的行爲，只需要找個機會讓他們見識到自己的愚蠢，這不就已經說明了他的問題，也解決了自己的問題了嗎？

保持冷靜是解決糾紛的最好途徑

身為下屬，必須謹記一件事情：無論如何，都要讓自己保持冷靜，同時做好自己該做的事。

工作中，上下級之間難免產生矛盾。

碰到這種狀況，埋怨無濟於事，根本解決不了問題。因此，在抱怨上司的同時，也要檢討一下自己的行爲，因爲你很有可能基於對工作的不滿，而將所有責任都推到上司頭上。

遇到這種情況，切忌意氣用事、無理取鬧，因爲這是必定會把事情搞砸的最糟糕做法。但也不能忍氣吞聲，畢竟單憑逆來順受不可能在職場出人頭地。

最好的辦法，該是採取以下幾點：

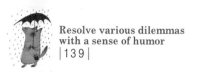

・弄清事情的真相

有時，上司的做法確實委屈了你，可你又不知原因何在。這時就該仔細調查瞭解，是不是上司眞的有意爲難，和自己過不去。

・當忍則忍

確定了上司是有意爲難，千萬不要盲目回擊，而要想辦法找出理由拆穿他，讓他知道你不是可以任意擺佈的棋子。若暫時找不到反駁的依據，也不要胡鬧，最好的辦法是裝糊塗，暫時忍住，等找到合適的時機再另謀對策。

・理直自然氣壯

如果確實找到了上司有意爲難的證據，你就可以用自己所掌握的一切來與他理論。這種時候，必須講究方法，畢竟辦公室不同於其他場所，上下級關係的距離不可逾越。在公衆場合拆穿上司，會讓他尷尬難堪，對自己沒有好處，

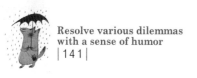

因此最好於私下處理。切記，保持態度的不卑不亢，理直氣壯而不咄咄逼人，以留有迴旋餘地。

既然上下級之間矛盾的產生不可避免，那麼作爲下級，有必要好好研究、學習一下化解矛盾的方法：

•有話照直說

不管上司持什麼態度，都要找一個合適場合，把道理向對方講明，讓他明白你內心眞正的感受。

•以德報怨

能夠對上司以德報怨，才容易把事情辦好。

切記一點，無論自己當時心裡多不好受，都要用寬宏大量的態度將矛盾化解，便於日後與上司繼續良性溝通。

• 無愧於心

如果矛盾的產生完全在於上司，而且對方夠明理，那麼也無須太擔心，等到氣頭過去後，上司多能主動釋出善意。

身爲下屬，必須謹記一件事情：無論如何，都要讓自己保持冷靜，同時做好自己該做的事。認眞負責，就是你與上司之間溝通的最有力憑藉，也是在職場生存最好的護身符。

5

對付老頑固，要軟硬兼施

固執並不等同於是非不明，也不是說觀點絕對不能改變，

「軟硬兼施」、「冷熱戰術」都是證明行之有效的謀略。

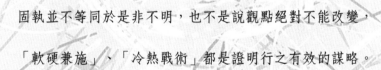

援引實例最有說服力

用爭論駁倒對方，雖然在理論上獲勝，但卻難使人心服；從例證著手，最能引動情感，讓他人對於你的意見或說法欣然同意。

面對別人不懷好意的攻擊行爲，必須先抑制自己易怒的情緒，不必和對方一般見識，也不必脫口用髒話問候他的家人，只要依樣畫葫蘆，順著對方的邏輯回應，就可以替自己解圍。

有一位旅遊書作者這輩子都沒有出過國門，卻寫了本《海外旅遊指南》，並且還十分暢銷。

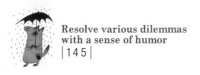

知道這件事的同行大為嫉妒，有一天故意對他說：「你哪裡都沒去過，怎麼能寫這種書呢？不是擺明了在騙人嗎？」

他的回答相當出人意料：「從沒去過巴黎的名家×××，寫出的《巴黎指南》不也是人人愛讀，不忍釋手嗎？」

這種有先例可循的答辯，最能使人知難而退。

用爭論駁倒對方，雖然在理論上獲勝，但對方即使口服，卻難以心服；從例證著手，則最能引動情感，讓他人對於你的意見或說法欣然同意。

有位作家在荳蔻年華時完成許多篇戀愛小說，篇篇華麗曲折，章章絢爛細膩，風靡成千上萬的少女。

對此，有位評論家毫不客氣地提出批評：「她自己仍然待字閨中，怎麼能夠如此大膽地寫出夫婦之間真實的生活？」

她得知這則評論之後，立刻反駁：「如果依照您的意思，那些描寫囚犯經歷、敘述帝王奢華生活的作家們，一定進過監獄，當過皇帝了！」

這位評論家啞口無言，從此不敢再啟戰端。

活在這個紛紛擾擾的社會，人難免會遇上麻煩，難免遇到有心人故意找碴。這時，賭氣硬和對方計較，就會淪爲潑婦罵街；置之不理，對方可能得寸進尺，讓人難以嚥下那口鳥氣。

面對這些讓人抓狂的事情，最好的應付方法，就是援引一些實際案例，讓對方自討沒趣。

這位作家引用一個事實俱在的例子，和自己的立場相提並論，任何人在同視兩者之後，當然獲得相同結論，這就是她的聰明處。

對付老頑固，要軟硬兼施

固執並不等同於是非不明，也不是說觀點絕對不能改變，「軟硬兼施」、「冷熱戰術」都是證明行之有效的謀略。

依據自身個性與言語風格的不同，我們可以將人分爲幾大類，諸如理智型、情感型、頑固型等等。頑固型或許不是其中最顯眼者，但絕對是最頑強、最難以征服的一種。

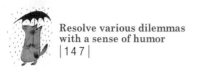

頑固型談話模式的代表人物，首推埃及總統納賽爾。他之所以享有名聲，正是因爲在談判過程中，即便面對了西方列強施加的龐大壓力，仍能以堅定不移的態度收回蘇伊士運河主權。

然而，在以埃戰爭談判中，又是什麼使這位頑固型的政治人物最終不再堅持己見，選擇退讓呢？

一九七〇年，有位美國律師獲准和納賽爾就以埃兩國衝突展開談判，他問納賽爾：「您希望梅厄夫人（當時的以色列總理）採取什麼行動？」

納賽爾堅決地答道：「撤退！」

律師又問：「要她撤退嗎？」

納賽爾答道：「是的，從阿拉伯的領土上完全撤退。」

律師驚訝地說：「沒有交換條件？對方從您這裡得不到任何好處？」

納賽爾斬釘截鐵地回答：「什麼好處都沒有，這原本就是我們的領土，以色列本來就應該撤退。」

律師並不退縮，換了個方法詢問：「請您想像一下，如果明天早晨，梅厄夫人在廣播和電視上宣佈說：『我代表以色列人民宣佈，我國將從自一九六七年以來佔領的土地，包括西奈半島、加薩走廊、西海岸、耶路撒冷和戈蘭高地上完全撤退，但是周邊的阿拉伯國家沒有做出任何讓步。』那麼國內輿論與情勢將變成

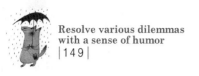

什麼樣呢？」

律師的語氣和表情相當生動、誇張，納賽爾一聽，忍不住大笑起來，說道：

「喔！那她要有大麻煩了。」

由於美國律師巧妙地運用了語言策略，終於成功使納塞爾同意讓步。

對付頑固型的人，不能在談話開始就直奔目標，應採取「以迂爲直」的謀略，以冷靜態度和足夠耐心應付，從容地向最終目標推進。在不斷誘發對方需要的同時，還應提出有力證據，強化己方建議或主張的正確性，切忌貿然觸及或嘗試推翻他們堅持的信念。

固執並不等同於是非不明，也不是說觀點絕對不能改變，只是不易改變，除非碰上適當的方法。「軟硬兼施」、「冷熱戰術」都是證明行之有效的謀略。有意製造衝突，然後設法恢復常態，或者有意製造僵局，接著破解僵局，都屬於有效的「冷熱戰術」，能夠動搖原先強硬的態度。

針鋒相對使人無言以對

對方提出詰問，必定希望你依照他的目的來進行，一旦發覺你的回答完全是針鋒相對，就足以令他手足無措、無言以對了。

二次世界大戰以後，日本保守派最傑出的謀士三木武吉，幫助鳩山一郎順利當上首相，才華蓋世、機智絕頂的表現令人為之讚佩，可是他總難逃女人的引誘，緋聞一直不絕。

三木武吉晚年，有一名婦女團體的代表前來拜訪，很不客氣地詰問：「三木先生，您的一舉一動都能影響國家社會，如此情況下還和兩個名女人搞七捻三，這到底是怎麼一回事？」

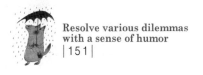

三木武吉聽了卻一臉無所謂，淡淡地回答說：「才不止兩個，可能您想像不到，我現在正跟五個女人有關係、有往來呢！」

這位婦女代表愣在當場，無言以對。

他繼續說：「這五位女士在我年輕時處處照顧我，現在她們徐娘半老，甚至老態龍鍾了，我當然應該在經濟上幫助她們，並在精神上支持她們。」

這位婦女代表一聽，不但不再責怪他，反而感佩萬分。

同一時期，擔任日本勞工運動主持人的太田薰，說話技巧也非常高，比起三木武吉毫不遜色。

有一次，鋼鐵勞動聯盟組織推派一位代表拜訪太田，說他不該如此畏畏縮縮，並嚴厲指責他領導的勞工運動無法為工人爭取福利。

太田立刻反駁：「你們以為美國的勞工聯盟全被右翼份子把持嗎？他們即使發動大罷工，最後也僅能熄火待命。你們呢？言論表現如此激烈，可是又有什麼真正成績？」

大聲叱喝之後，這位代表當即閉口，以後再也不敢來囉唆。

三木武吉和太田薰之所以能在盤詰之下立刻還以顏色，有效封鎖對方的攻勢，讓他們知難而退，原因不外乎下列三項：

・全盤了解對方的目的
・考慮自己的目的
・調節兩者的進行順序

對方提出詰問，必定希望你依照他的目的，依循某些規則來進行，一旦發覺你的回答完全是針鋒相對，有排山倒海之勢，自然會感到手足無措、無言以對。想要罵人之時，適時亮出自己的底牌，是掌握主控權的好方法。

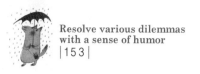

明槍比暗箭更難防

遇到別人批評、指責的時候，別急著用髒話回敬，也不用惱羞成怒，應該擺出迷魂陣。

談話是促進人際關係的有聲媒體，也是情感交流的手段，互訴心聲的工具。

但是，正如同水能載舟，亦能覆舟，它像一把「兩面刃」，經常將人導入錯誤的判斷或紛爭中。

美國過去有位頗有人緣的政治家，名爲戴恩將軍，但也以好色聞名。

某次發表競選演說時，一名聽衆因爲不滿他的私生活，竟當衆責問他的不檢點。沒想到戴恩只靠三言兩語，便使對方啞口無言。

聽眾：「將軍，您的意見我都贊成，但請您少玩弄女人好嗎？」
將軍：「是這樣嗎？請問這位先生，您是不是一位堂堂男子漢？」
聽眾：「是啊！我當然是。」
將軍：「那麼，如果有位極漂亮的女孩子要你愛她，你忍心拒絕嗎？」
聽眾：「這個……」
將軍：「我相信你同樣不會拒絕的，是吧？」

戴恩將軍回應聽眾的，就是「趣味邏輯」三段論法——男人愛女人，你是男人，所以你也喜歡女人！

在這段簡短的對話裡，戴恩並未惱羞成怒，而是巧妙地避開了「道德」問題，僅就男女之間的喜悅進行討論。

此類單純、明快的理論最容易讓人中計上當，即使後來發現自己被「三段論法」的迷魂陣欺騙，也已經喪失了最佳的反擊時機。

政治家們就經常利用這種方法攻擊對方的弱點，所以我們常常可以聽到某

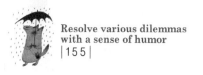

些要人在分析一個極爲重要的問題時說：「這個問題有三項重點：第一是……第二是……第三是……」

輕描淡寫地分析了整個問題，聽者往往被搞得昏頭轉向，誤以爲事情眞的如此簡單，殊不知它並不是只有三點而已，很可能有第四點，而這個第四點，才是問題的眞正核心。

可見，明快的理論方式，最容易使人受騙上當。

遇到別人批評、指責的時候，別急著用髒話回敬，也不用惱羞成怒，應該擺出迷魂陣。若無法直接解決問題，不妨藉一段引言沖淡問題的嚴肅性，再導引聽者步入錯誤的判斷當中，同樣是取勝的好方法。

破口大罵不如裝聾作啞

意志型談判者在人際關係上缺少一定的彈性，卻能堅持原則，因此若碰上事關重大的談判，指派他們出馬將最為恰當。

面對批評、攻訐，唯有保持恰當的應對進退，才能夠氣定神閒地回敬。在交涉或談判過程中，碰上咄咄逼人、言語刻薄的對手，與其針鋒相對，倒不如高明地以「裝聾作啞」壓制、克服。

第一次世界大戰結束後，英國聯合法、義、美、日等國代表，與土耳其代表在瑞士洛桑展開談判，企圖脅迫簽訂不平等條約。

會中，英國代表克敦態度傲慢，談吐囂張。土耳其代表伊斯麥提出維持土耳

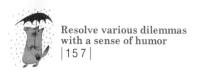

其主權的條件後，克敦當場暴跳如雷，不僅揮動拳頭、大聲咆哮，甚至出言恫嚇辱罵對方。

碰上這種狀況，應該如何應對？

局面與氣氛都相當緊張，伊斯麥卻態度安詳，視若無睹，等克敦聲嘶力竭地停下來以後，才不慌不忙地張開右手，靠在耳邊，把身子靠向克敦，十分溫和地說：「您說什麼？對不起，我耳朵不太好，實在聽不清楚呢！如果可以，請您再說一次吧！」

想當然爾，克敦不能再重新發一次脾氣，氣勢頓時矮了半截，像顆洩了氣的皮球，連話都說不出來了。

語言是人類交流的工具，人與人之間交往和溝通，都離不開語言。

但是，想要讓對方照著自己的意思去做，就必須擁有堅定的意志，無論對方說什麼都像聾子一樣置若罔聞，這種應對方式絕對強拍桌子對罵。

土耳其代表伊斯麥，就是典型的意志型的人。

這種人往往會在交涉或談判過程中產現出強烈恆心、毅力與自制力的人。這種人不但會裝聾作啞，最大特點是具有堅持到底的精神。

此外，他們只要有什麼想法就談什麼想法，甚至坦然將心底眞正意念和盤托出，完全不介意對方能否接受。同理，受到別人的強烈批評甚至惡意中傷，也能處之泰然，不被動搖。

這類人在人際關係上缺少一定的彈性，無法面面俱到，但卻能堅持原則，使人信賴，也由於忍耐力極強，能夠一肩扛起重要任務，不辱使命。

因此，若是碰上事關重大的談判，指派意志型談判者出馬將最爲恰當。堅強的意志，就是一種有利的談判優勢。

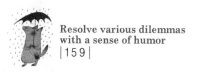

委婉含蓄也能達到目的

委婉含蓄的語言中蘊藏的思想和情感較多，言外之意也比較深，更需要聆聽者加以思考、理解、體會。

只要是人，多少都好面子，即便是自己做錯了事情，或理虧在先，也不希望受到他人指責。

聰明的人必須理解這個道理，視客觀狀況彈性調整自己的語言策略，以求說服對手，達到目的。

一位出差洽公的老先生，在廣州的街頭小攤上買了幾件衣服。想不到付款時，賣衣服的女子見他的錢包裡有幾百元美鈔，竟生了邪念，趁他不注意，偷偷把錢包塞進了衣服堆裡。

老先生發現錢包丟了，十分著急，眼見身邊沒有其他人此時只有他們兩人，確信是對方動了手腳，可賣衣服的女子非但不承認，還態度強硬地說：「你說是我拿了？那去叫警察來啊！」

老先生不急不徐地說：「別緊張，我沒說是妳拿了，是不是忙中出錯，混到衣服堆裡去了？請幫我找找吧！我一下子照顧了妳好幾百元的生意，妳怎麼能這樣對我呢？」

「想想，妳年紀輕輕的，在這個熱鬧街道擺攤，信譽要緊哪！再說，人家託我買東西，好不容易湊齊了百來塊錢美鈔，丟了讓我怎麼交代？妳就當行行好，幫我找一找吧！」

女老闆聽了這番中肯委婉的話，只好訕訕地說：「我幫你找找看就是。」

老先生一聽，立刻擺出感激涕零的模樣，答道：「太好了，我就知道妳是好心人，一定會幫忙的。」

果然，女子順水推舟，在衣服堆裡翻弄一陣以後，便「找出了」錢包。

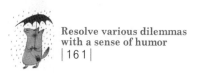

透過一來一往的對話，你看出老先生採用的策略了嗎？

他沒有直接指責對方偷了錢包，而是表示可能忙中出錯，混到衣服堆裡。這句話給了對方一個下台階，爲回心轉意創造了條件。接著，又進一步暗示、開導，要女老闆珍惜名譽，還談了自己的困難，以搏取同情。眼見對方略有醒悟，他馬上給予熱切鼓勵。最後，終於成功促使女老闆良心發現，將錢包歸還，免去一場重大損失。

自始至終，老先生都沒有追究對方的錯誤，而是以堅定意志與和緩態度並行的方式，將對手一步步地導向目標。

這種談話風格，一般表現得較爲委婉含蓄，特點是言辭柔和、語義曲折，表達上儘量做到簡約婉轉，留有餘地。這種說話方式的技巧在於不直接說出需要傳送的資訊，而是把眞正的意思藉僞裝修飾後的語言婉轉地表達，再輔以面帶微笑的平和神情。

所以，有人將此類技巧稱作「軟化」藝術。

這種說話方式能給對方溫文爾雅、不同流俗的印象。即便表達的是與對方相左的意見，也會因爲刺激性較低而有效避免衝突，緩和矛盾，使談話在友好、寬鬆氣氛下進行。

委婉含蓄的語言中蘊藏的思想和情感較多，言外之意也比較深，更需要聆聽者加以思考、理解、體會。由於眞正的意思不由說話人直接說出，也就不容易落人話柄，降低了在談話中陷於被動或僵局的可能性。

這不僅是自信、堅毅的表現，更展現了說話辦事的優勢，値得有志強化自身談話功力的人揣摩、善用。

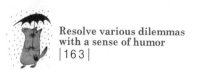

猛攻不見得管用

當對手怒火中燒時，請千萬先停下自己的攻勢，替他們找一個可以發洩的出氣孔，等氣頭過去、一切冷靜後再談。

只要善於應用言語，並選擇最適宜的談話方式，無論在談判交涉過程中談的是什麼樣的生意，碰上什麼樣的對手，都能達到預期效果。

有一次，房地產大王約瑟夫接受政府委託，前往拍賣紐澤西州開普頓一帶的房子。這一帶的房子，原本提供給在船廠工作的人們當宿舍，但卻沒料到在拆遷上碰到很大的困難，現有的「屋主」們以「政府當初命令我來住，現在怎麼可以又把我趕走」為理由，竭力反對。

由於他們的人數較多，且態度強硬，使約瑟夫大深感為難，十分苦惱。

面對這樣一群幾乎不講理的民眾，假如自己的處置失當，勢必將遭受攻擊，該怎麼辦好呢？

當然，約瑟夫可以說自己只不過奉命行事，把一切責任都推給政府，使群眾無言可對。然而，他也知道，假如這樣做，就不是個聰明的房地產商了。一味指責別人的錯誤，將責任推卸乾淨，不會產生積極效果。

那麼，他決定採取的辦法是什麼呢？

約瑟夫讓拍賣活動搶先在宣佈時間的前一小時便展開，理由是他知道群眾必定會在拍賣時間湧入會場，鼓譟搗亂，所以寧可提早，使他們措手不及。

此外，他更聰明地打探出已有某位住戶願意參與競標，也知道對方能夠負擔的金額，便第一個選定那一棟房屋作為拍賣物件。

約瑟夫說：「知道那位住戶願意購買後，我便選定那棟房子作為第一個交易物件，並讓他順利得標。因為那位住戶如願以償，有效平撫了其他人的怒火。事實上，他們之所以強烈反對，是因為以為政府要趕走他們，如今既然有了購屋機會，事情就容易解決了。」

「那天，一切照我擬定的計劃進行，十分順利。那位住戶成功購得他的房子，所有前來搗亂的人見狀，都當場歡呼起來。原先想痛打我一頓的人，全部把我當成了朋友，甚至把我高高舉起來歡呼！」

將約瑟夫的經驗運用在商務談判上，可以得出什麼結論？

很簡單，就是不要「硬碰硬」。

當對手怒火中燒時，請千萬先停下自己的攻勢，替他們找一個可以發洩的出氣孔，等氣頭過去、一切冷靜後再繼續談判，而非於火上加油，否則將導致兩敗俱傷，一事無成。

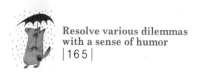

化解反感，言語必須委婉

「委婉說服術」易於接受，所以在商務交易中被廣泛採用，成為讓固執難纏對手低頭的法寶。

很多人以爲要說服別人，一定要理直氣壯，從氣勢上壓倒對手，實在是大錯特錯。實際上，「委婉」也是一種很好的說服術。

所謂委婉說服術，是指以動聽悅耳的言辭、溫和柔軟的語氣、平易近人的態度、曲折隱晦的暗示爲手段，使對方理解自己、信任自己，從而拉近距離，達到說服的目的。

有一回，因為得到有利情報，法國企業家拉蒂爾專程趕往印度新德里拜訪拉爾將軍，談一樁關於飛機銷售的大買賣。

抵達新德里之後，拉蒂爾立刻與拉爾將軍展開約談，希望儘快找到機會見面，可對方的態度卻相當不友善，因此未能馬上如願。

幾次交涉仍不得要領，迫不得已，拉蒂爾只好說：「我僅以私人名義拜訪，十分鐘便足夠了。」好不容易終於得到了許可。

會面地點選在辦公室，一見面，將軍便表示出相當不耐的樣子，擺明了想趕快把客人打發走，拉蒂爾卻不洩氣，簡單問候之後，他說：「將軍閣下，您好。我衷心向您表示謝意，感謝您對敝公司採取如此強硬的態度。」

這是怎麼回事呢？將軍頓時感到有些莫名其妙，接不上話。

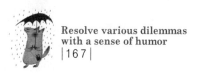

拉蒂爾接著又說：「因為您，使我得到一個十分幸運的機會，得以在生日當天回到自己的出生地。」

「你是在印度出生的嗎？」將軍微笑了。

「是的。」拉蒂爾見對方態度有些軟化，立刻將話題延續下去。「我是一九二年於加爾各答出生的，當時家父是法國歐爾公司駐印度代表。印度人民相當好客友善，我們全家在這裡得到了很好的照顧。」

拉蒂爾娓娓地談起對童年生活的美好回憶：「還記得三歲生日的時候，鄰居的一位印度大媽送我一件可愛的小玩具，我和印度小朋友一起坐在大象背上遊玩，度過相當幸福的一天。」

拉爾將軍被深深感動，當即提出邀請：「能在印度過生日實在太好了，不嫌棄的話，我想請您共進午餐，表示祝賀。」

「委婉」攻勢已經取得初步成效，但要真正達到目的，還需更進一步。汽車駛往餐廳途中，拉蒂爾打開公事包，取出一張已泛黃的照片，雙手捧著，恭恭敬敬地展示在將軍面前，說道：「將軍閣下，您看這個人是誰？」

「啊！這不是聖雄甘地嗎？」

「是的，您再瞧瞧左邊那個小孩，那就是我。四歲時，我和父母一道回國，十分幸運地和聖雄甘地同乘一艘輪船，留下這張合影。我父親一直珍藏著這張照片，這次回到印度，我無論如何都要拜謁聖雄甘地的陵墓。」

「你對聖雄甘地和印度人民的友好態度，實在是太令我感動了。」拉爾將軍激動地說。

自然，午餐是在親切融洽的氣氛中進行的。當拉蒂爾向將軍告別時，這宗大買賣已經拍板成交了。

回顧會談的進行，可以發現，面對不友善氣氛，拉蒂爾沒有莽撞地硬碰硬，而是以非常委婉的語言，動人的回憶，巧妙地與將軍展開交談，透過融洽祥和的氣氛進行說服，從而使買賣成交。

這就是「委婉說服術」的生動體現，也正因爲它易於接受，所以在商務交易中被廣泛採用，成爲讓固執難纏對手低頭的法寶。

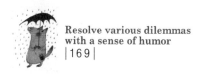

6

以自責代替斥責

責人時引出自責，往往會收到更佳的效果。

同時也要注意切莫帶有諷刺意味，

否則只會帶來反效果。

從弱點下手，就能動搖對手

從人性弱點下手，滅他人威風，無須疾言厲色便能得到勝利，這就是「情感式談話」的威力。

顧名思義，所謂「情感式談話」，就是在談話中引入情感，動搖對手，提高面對難纏問題的勝算。

《讀者》雜誌曾刊登一篇報導，關於經紀人馬利加如何解決客戶雪萊的合約糾紛，正是對這個術語的最好說明。

雪萊是一名優秀的編劇，曾創作出許多精采的電影劇本。經紀人馬利加替他爭取到一份條件相當優渥的合約，凡售出的每張電影票都得以抽成，但是簽署合

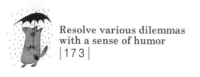

約的費爾德後來卻不願意支付費用，透過律師表示雪萊的稿件根本不符合「電影行業的標準」。

為了替雪萊爭取權益，馬利加開始著手調查這件案子，多方調查取證之後，逐漸對費爾德產生了解，發現他是一位很重視禮節、對自己的外表與風度都相當要求的人，自然也相當愛面子。

為此，馬利加很快擬定出一條計劃，約定繼續針對合約糾紛進行談判，地點選在義大利聖利摩的一家豪華飯店。

在飯店花園中見面並相互問候之後，原先表示不會到場的雪萊竟興沖沖地從人群中走過來。費爾德見到他很是驚奇，立即習慣性地奔向他，親熱地擁抱，並大聲招呼：「雪萊，我的朋友！」

就在這時，馬利加插話道：「費爾德先生，我的客戶雪萊在履行合約方面，有什麼不對的地方嗎？」

費爾德當下露出猶豫不決的神色，向來以紳士形象自詡的他，怎麼能當面指責「親密的朋友」呢？

看出對方的為難，馬利加很快又將問題重複一遍：「費爾德先生，請問雪萊先生在履行合約方面，有什麼不周到的地方嗎？可否請您趁著現在這個機會明確地指出來呢？」

騎虎難下的費爾德只好擠出微笑，看著馬利加，回答道：「雪萊不僅履行了合約中規定的一切義務，而且還表現得極出色，對本公司貢獻非常大。」

小插曲結束之後，談判很快就取得了結論——費爾德決定讓步，同意支付合約中寫明的一切收益。

馬利加的手段可能有些過分，但並非全無可取。誠然，他在解決問題時摻入了一些個人情感因素，但是，如果只懂得據理力爭、不知變通，事情處理起來必定沒有那麼順利，也未必能達到目的。

從人性弱點下手，首先滅他人威風，提高自身氣勢，無須疾言厲色便能得到勝利，這就是「情感式談話」的威力。

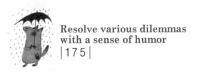

善用笑話，促進氣氛轉化

如果發覺雙方同時被某些因素所困擾，陷入低迷或劍拔弩張當中，不妨試著適當且活潑地插入一兩句笑話。

確實，壓力能激發潛力，讓人表現得比平常更好，但過度壓力也可能導致傷害，適得其反。

在這個人與人互動頻繁的時代，每個人都應當適度地培養一些小技巧，排解和別人打交道過程中可能產生的強烈緊張情緒與龐大壓力。

有一群印第安人被敵人追趕，只好離開家鄉，一路奔逃。一連跑了好幾天之後，酋長決定召集全部族人，展開談話。

當所有人都集合之後，他大聲說：「大家聽著，我有一個好消息和一個壞消息要告訴你們。」

族人們聽到這句話，自然又是緊張，又是擔心，紛紛交頭接耳，引起了一陣不小的騷動。

酋長舉手示意大家安靜，然後說：「首先，我要告訴你們壞消息——除了水牛飼料以外，我們已經沒有東西可以吃了。」

話音一落，大家都驚叫起來，露出恐慌的神色，彷彿世界末日就在眼前。慌亂中，一個勇敢的人舉手發問了：「那麼，好消息又是什麼呢？」

酋長笑著回答：「我們存有很多水牛飼料。」

不可否認，無論罵不罵人，和別人談話是一項必須耗費大量心力的工作，尤其是商業性談話，隨著事情的討論趨近高潮，氣氛也將越發緊繃。在這種情況下，談判參與者自然容易感到不安，並渴求化解的方法。

究竟該如何活絡氣氛，紓解層層的壓力呢？有些人喜歡嚼口香糖，有些人

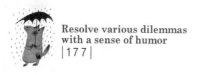

會選擇抽煙喝酒。的確，它們都能有效緩解緊張氣氛，但比較起來，效果最好還是首推「幽默感」。

只要用上一次，你就會同意以下這句話——笑是最好、最天然的鎮定劑，威力是尼古丁與酒精所不及。

如珠妙語不僅可以使緊張氣氛得到暫時緩解，提振萎靡疲憊的精神，甚至可望發揮更積極的作用，拉近雙邊關係，促進協議達成。

下一回，和別人談話時，如果發覺雙方同時被某些因素所困擾，陷入低迷或劍拔弩張當中，別急著破口大罵，不妨試著適當且活潑地插入一兩句笑話，相信會收到相當不錯的效果。

罵人重疊連發，讓人有氣無處發

重疊連發式罵人，不僅不會令人生氣，反而會沖淡對方的記憶，心理上的疙瘩也不至於太過於深刻。

如果突然有人指著你說：「你這個混蛋！」即使他有天大的理由，你必定仍會感到非常不高興。

但是，如果懂得說話的方法，即使罵了人，對方還會認爲你罵得好、罵得對，甚至拍手叫絕。

以下提供一些實際的例子：

許多電視劇中，我們常會見到如下的台詞：「你這個陰險、毒辣、卑鄙、無恥的小人，滾蛋吧！」

夏目漱石在他的名著《少爺》一書也曾寫道：「這高級混蛋、騙子、假道學、江湖郎中、走狗，吼起來像狗叫的混小子！」

這兩種罵法，看起來都把對方罵得狗血淋頭，可是太多的壞字眼堆砌在一起，反而給人一種「可愛」的感覺，即便氣在心頭，卻怎樣也發不出來。

心理學者曾進行一項「逆行抑制」實驗，安排受試者在無意識下學習拼綴甲系列文字，再學習拼綴相當類似的乙系列，最後學習丙系列。結果，竟改變了他最初對甲系列的記憶。

這項實驗的結果，證實了乙系列的學習會抑制對於甲系列的學習，從而造成對於甲系列的遺忘。

由此可知，將許多罵人的辭彙累積，反而會沖淡對方的記憶，心理上的疙瘩也不致於太過於深刻。

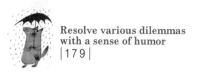

同樣的道理，孩子們常會在玩鬧時使用謾罵式用詞，例如「羞羞臉」等，雖然是罵人的字眼，卻很少令人生氣。

日本著名小說家生犀，在他的名著《兄妹》當中，描述妹妹罵哥哥「酒鬼、浪子、色鬼……」，哥哥則回罵她「小瘋子」。

這種罵法並不表示兄妹之間相互憎惡，事實上，連續式的對罵反而更能突顯出親密的手足之情。

重疊、連發式的罵人方式，不僅不會令人生氣，有時反而能夠增加彼此的感情，是一種相當有意思的小技巧。

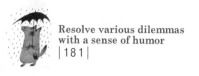

用「不」來剷除拒絕態度

對方不肯說話，表露出拒絕的態度，因為心裡充滿了「不」的反抗意識。想使他開口，首先就要剷除這個「不」字。

與人交談過程中，如果能順利打破沉默，製造共同的話題，不啻在人際關係上注入一針強心劑。

那麼，該如何打破沉默？

心理專家在替人進行心理諮商和診斷之時，最令他們感到頭疼的事，莫過於病人拒絕合作。

這類人不僅一問三不知，甚至不理不睬，只是緊閉著嘴巴，兩眼傻傻瞪著一個方向，無論怎麼問，就是充耳不聞、毫無反應。

現實社會中或是工作場合，這種拒絕合作或乾脆擺爛的人也不在少數，於是，有心理專家針對這種狀況，發明一種特效藥，就是猛然提出一個會令這種人提出反駁的問題。

身爲主管的人，碰上那些工作表現不佳、受到上司責罵的職員，不妨對他們說：「你在家裡，和太太、家人，一定處得不好！」

毫不客氣地從他的頭上澆下一盆冷水，他必會氣憤地反駁：「胡說！我和家人一向處得很好！」

人都有自尊心，即使他和家人處得不好，也不願意讓家醜外揚。

等到順利使他開口，再抓住這句話作爲把柄，追問：「那你爲什麼在辦公室裡和同事處不好呢？」

可想而知，他自然會滔滔不絕地說出一大堆理由，把心中的話全盤托出。

對方不肯說話，表露出拒絕的態度，因爲心裡充滿了「不」的反抗意識，想使他開口，首先就要剷除這個「不」字。

納德創辦世界上第一家人壽保險公司，手下知名經理人巴頓有一個極爲巧妙的交涉小技巧：「我每次和對方打交道，談話一開始，總要提出一個他必然會回答『不』的問題，接著追問他『為什麼』，如此一來，對方立刻落入陷阱中，順利打開話匣子。」

這正如同想喝一瓶芬芳醉人的香檳，必先使瓶塞「不」地一聲打開之後，才能眞正品嚐到美酒的醇郁。

把話說得更巧妙的技巧，正在於設法讓對方開口反駁。

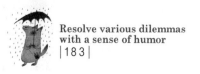

「疑問」的效力，更勝於命令

在工作中，疑問句更可以用來引導部屬們的判斷力，促使他們奮發振作，遠比斥責、痛罵還要有效。

現實生活中，有的人不管走到哪裡，都處處受人歡迎，做起事來左右逢源。有的人卻寸步難行，即使在家庭、學校或工作場合，做事也處處碰壁，幾乎沒人願意和他進行良性互動。

其實，造成兩者之間的差別，原因就在於是否懂得掌握說話的藝術。只有懂得如何說話的人，才可能把語言變成自己的工具。

日本天皇御用攝影師熊谷辰夫，說過一則有關皇妃美智子的故事，顯示出她相當懂得語言的心理戰，能巧妙運用「疑問式比命令式」原則。

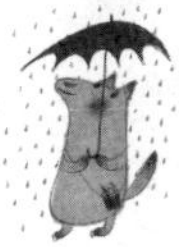

有一天，熊谷辰夫奉命進宮替皇太子浩宮拍照，攝取彈琴的鏡頭。可是由於場地太小，浩宮彈得又快，再加上全是高音階，效果非常不好。

如果雙手能移向低音階彈奏，取景便會方便許多。

他為這件事大傷腦筋，卻又不便啟口，此時，美智子會意地說：「浩宮，你試著彈彈低音階，看看會不會更好聽？」

當皇太子將雙手移向低音鍵的那一剎那，熊谷辰夫把握了這難得的好機會，按下快門，成功拍出一張很具效果的照片。

美智子不用「彈低音」的命令口吻，而改用疑問的語氣，證明了她是一位精通兒童心理學的皇妃，能用最富技巧的方式說話。

心理學家普遍認爲，希望孩子們聽話，採用對話的方式，效果往往不會太顯著；如改用命令口氣，雖然能夠達到預期的效果，但因強制性太重，常會使孩子們失去自發自動精神，因此採用疑問句是最佳選擇。

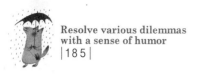

這種情形，當然不僅限於孩子，在工作中，疑問句更可以用來引導部屬們的判斷力，促使他們奮發振作，遠比斥責、痛罵還要有效。

「如果選擇這麼做，結果會如何呢？」巧問疑問能給予對方一種軟性衝擊，加強期望狀態，從而願意主動加速進行某件工作。

當然，想要利用這種方法，必須以了解對方個性和當時的心理狀態爲前提，否則將可能適得其反。

以自責代替斥責

責人時引出自責，往往會收到更佳的效果。同時也要注意切莫帶有諷刺意味，否則只會帶來反效果。

錯誤或衝突造成以後，與其譴責對方，不如以自責的態度來處理事情，更容易讓對方自我反省。

日本名評論家丸岡秀子曾在雜誌上發表過《連繫內心的話》一文，其中有如下一段，值得再三玩味：

丸岡小時候，在學校裡做錯了一件事，被級任老師狠狠地責罵了一頓，末尾還加了一句：「唉！我恐怕教不了這個孩子！」

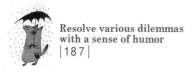

這件事一直讓她記憶到今日，造成非常深遠的影響。

那位教師把過錯歸咎在自己的「能力」不足，所以對丸岡秀子產生了一輩子的影響。日後她在教訓自己的子女、學生時，總是自責似地說：「我不能把你們教成這樣的孩子哪！」

責人時引出自責，往往會收到更佳的效果。

這種自責方式，可以廣泛地用在人際關係上。

妻子不希望丈夫喝酒，與其叨嘮不休，大可以說：「我實在不希望讓自己的丈夫成爲酒鬼。」

對於工作不力的部屬，主管也可以對他們說：「一定是我指導無方，要不然你們怎麼會這樣！」

這種方式可讓人自我反省，但同時也要注意切莫帶有諷刺意味，否則只會使狀況惡化，帶來反效果。

轉換立場就不必爭吵

比起一味地加諸觀念或斥責，把對方導引至第三者的立場，有技巧地說話，將更具成效。

現實生活中，我們不時見到有人爲了爭論而爭論，試圖透過這種模式壓倒對方，或是讓對方照自己的意思行事！

事實上，這是不可能的事。

想以雄辯、說理使對方信服並不容易，尤其是以「自己的意見、對方的反對意見、自己的反對意見、對方的反對意見」模式進行爭論，更會加深彼此之間的對立僵持，並招致更多更有力的反駁。

爭論要最後，雙方的火氣一上來，便形同批鬥大會或澄婦罵街，最後不歡而散。千萬記住，立場對立時不宜爭論。此時，只有把對方導引至第三者的立場，才能收到正向效果。

譬如勸導一名不良少年，如果選擇直接和他爭論，態度立場針鋒相對，除了加深反感，不會有什麼作用，要是打罵他，將使狀況更糟。

此時，不妨提出另外一名不良少年說：「那個孩子太不像話了，天天惹他的父母傷心，你有機會勸勸他吧！」

這當然是虛晃一招，目的還是要他自己勸自己，即使被他看穿你的眞正意圖，也是激起良知的一種好方法。

眞正的獲勝者，是使對方能眞正採納自己意見的一方。

類似勸服不良少年的例子，不妨在實際生活中找機會應用，比起一味地加諸觀念或斥責，有技巧地說話方式將更具成效。

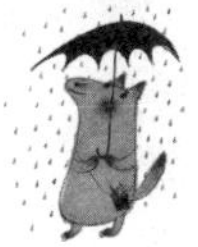

引人發笑，迴響更好

如果能巧妙操執幽默感與優越感這兩項原則，那麼即使講的是刻板嚴肅的事情，也會引人注意、妙趣橫生、讓人發笑。

幽默的話語能逗得旁人會心一笑，是因爲當中含有兩種不同性質的意義，一是被實現的必然性，二是接受合理的約束。

幽默之所以產生，且能帶來預期效果，就在於綜合了上述兩項不同性質。正因將兩種差別甚遠、性質迥異的詞彙結合在一起，幽默感於焉產生，自然引人發笑了。與人交談時，如果能夠把握這個原則，幽默感必會源源不絕。

笑，在任何場合都可以製造歡樂愉快的氣氛。

自古以來，許多專家學者發表過各種研究報告，其中都有一個共通點——

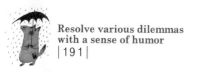

優越感所在之處，笑聲必常相左右。

這就表示，讓人產生優越感，自然而然地，他便會發笑。

有很多例子可以證實這個原則，以下便是其中之一：

前日本首相池田勇人精於數字，但拙於外交。

有一次，在國會諮詢會議上把「禮節」（Etiquette）這個外來語說錯了，議員們大笑著問他是否知道出了什麼錯，他立刻答道：「喔！我不會說法語，所以我並不知道這個字的正確發音。」

這麼一答，議事場裡更是哄堂大笑了。一次無傷大雅的幽默，在內閣政府陷入窘境的時刻，無形地替他化解了當時的緊張氣氛。

Etiquette這個字，英、法文中都有，池田首相是不是故意說錯，我們不敢妄自斷言，但是在別人聽來，心裡必定會下意識地萌生了「至少我沒有他這麼笨」的優越感，於是乎，大家都開心地笑了。

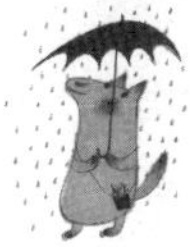

全體議員就這麼放了池田首相一馬，可謂是因禍得福。

池田以「顛倒立場」來製造優越感，由首相之尊的優勢地位，主動降至劣勢。用這種方法，更能增添逗人發笑的雙倍幽默效果。

擅於逗別人發笑者，一定都能了解這一點，並經常使用這種「給人優越感」的說話法則緩和氣氛，爭取支持。

小丑、相聲、喜劇演員等以逗人發笑爲業的人，在表演時都能秉持這個原則，連續不斷地製造笑料，讓觀衆樂不可支。

他們的手段、方法，不外乎使觀衆們產生一種錯覺，以爲這些表演者「絕不會這樣輕浮、瘋狂、沒有修養」，但是，他們的演出居然眞是這樣，如此突然，卻又如此自然！

巧妙運用幽默感與優越感這兩項原則，那麼即使講的是刻板嚴肅的事情，也會引人注意、妙趣橫生、讓人發笑。

親身實踐體驗，你必定同意：引人發笑，迴響更好。

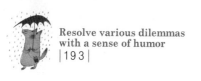

爭辯只不過是浪費時間

爭辯只是為了要讓真理越辯越明而已，在一場辯論當中，沒有人會是贏家。因為爭來的勝利不是勝利，公理自在人心。

不要強迫對方接納自己的觀點，爭辯只是浪費口水、浪費時間。這是每個人對他人應有的寬容，也是做人應有的警覺。

假使對方眞的有察納雅言的寬闊心胸，那麼你說一次他自然就聽得懂，不必口沫橫飛說得面紅耳赤。

有個獵人在山裡打獵，突然遇見一隻野豬朝自己走來，慌忙中，獵人舉槍就打，竟忘了槍裡頭沒有裝子彈。

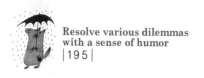

神奇的是，這頭野豬雖然沒有中彈，卻被那響亮的槍聲嚇壞了，頓時兩眼一翻，昏倒在地上。

此時，恰巧有個野豬販子路過此地，獵人為了替自己省卻扛野豬下山的功夫，趕緊把野豬販子叫住，要他買下這頭野豬。

野豬販子仔細瞧了瞧商品，發現這頭野豬身上沒有傷口，地上也沒有血跡，看起來大有問題，便對獵人說：「這頭野豬不知道是怎麼死的，也不知道是什麼時候死的，恐怕已經不新鮮啦！」

「怎麼會呢？」獵人辯解道：「野豬是我剛剛才打死的，怎會不新鮮？」

只是，任憑獵人好說歹說，野豬販子仍然不相信，堅決不肯收貨。就在兩人激烈爭辯之際，野豬突然醒過來，一翻身就直往林子裡頭衝，才一眨眼的工夫，就消失得無影無蹤。

獵人見了，非常得意地對野豬販子說：「瞧，我說得沒錯吧，你看這頭野豬說有多新鮮就有多新鮮呀！」

爭辯就像這個故事，就算爭到最後，獵人終於證明自己的說法正確，卻落得一無所得。

爲了要說服別人贊同自己的觀點，有時會無可避免地與人發生一些爭辯。適度的爭辯或許可以讓事情變得更加明朗，但是要記得遵守爭辯內容要有意義、爭辯時要有器量、爭辯態度要有分寸這三大原則。

如果你說的話眞有道理，那麼在抒發己見之後，就留給時間評判吧。

爭辯只是爲了要讓眞理越辯越明而已，在一場辯論當中，沒有人會是贏家。因爲爭來的勝利不是勝利，公理自在人心。

7

懂幽默，沒有難關不能過

在工作中恰如其分地運用幽默的語言與他人溝通，

那麼還有什麼問題不能迎刃而解呢？

懂幽默，沒有難關不能過

在工作中恰如其分地運用幽默的語言與他人溝通，那麼還有什麼問題不能迎刃而解呢？

如果想將協調工作做好，在社交中如魚得水，就必須善用好的談吐及得當的幽默。它們宛如潤滑劑，使社交暢通無阻。一板一眼的人在他人的眼中毫無魅力可言，幽默可以讓人擁有更多朋友，使事業如同行雲流水般舒展。

英國演說家迪克．史密西斯，有一回企圖說服電力供應業的董事長們聯合起來，成立更大、更有效率的部門。

他事先已經知道與會者對此不屑一顧，所以一開始便說：「今天在黎明前，我離開威靈頓的家。到達機場時四周仍一片漆黑，機場上竟沒有其他旅客。驗過票後我進入走廊，此時我感到迷惑，因為我看不到其他旅客。登上手扶梯，走進空蕩蕩的機艙裡坐了下來，我開始感到奇怪，是不是哪裡出了差錯？」

「不一會兒，一位空中小姐出現。『旅客們都在哪兒？』我問道。她聳了聳肩說：『全在這兒了。』於是我孤零零地坐在那兒，暗自想道：『我知道我不受歡迎，但也不至於這樣……』」

董事長們一下子被這段引言逗笑了。接著，他又就自己不受歡迎這件事大作文章，直到聽眾無拘無束地鬆懈下來。

很顯然，剛才的一番話他消除了聽眾的反抗心理。

名作家吉卜林在向英國一個政治團體發表演講時，竟引得全場聽眾捧腹大笑，他說：「各位女士先生們，我年輕時曾在印度當記者，專門替一家報社報導犯罪新聞。這是很有趣的一項工作，因為它讓我認識了一些騙子、詐騙犯、謀殺犯以及一些極有進取心的正人君子。」

「有時候，我報導了他們被審的經過之後，會去監獄看看這些正在服刑的老朋友。我記得有一個人因為謀殺而被判無期徒刑，他是位聰明、說話溫和有條理的人，他告訴我一段『生活的教訓』，他說：『以我本人作例子：一個人一旦做了不誠實的事就難以自拔，一件接著一件不誠實的事一直做下去。直到最後，他會發現，必須將某人除掉才能使自己恢復正直。』唉！目前的內閣正是這種情況。」這番話讓聽眾們大笑起來。

吉卜林玩笑性地圍繞著準備進入的政治話題，渲染一些近乎怪誕的趣事，藉此進一步建立起自己的溝通點。

如果能夠在工作中恰如其分地運用幽默的語言與他人溝通，達成共識，那麼還有什麼問題不能迎刃而解呢？

以上的故事，就是最好的明證。

靠技巧讓上司採納建議

向上司貢獻意見的最好方法是避免他人在場，悄悄將自己的意見或建議「移植」到他的心中。

一般上班族，如果有好的建議和計劃，通常會想要貢獻給上司。

但是，在獻策的時候，往往會遇到以下情況——經過自己潛心研究、周密的思考，且確信是極爲合理的計劃和建議，卻未受應有的重視，甚至遭到拒絕，讓人感到非常苦惱。

在這種狀況下，最容易和上司發生口角衝突，相互批鬥之際口出惡言。如此一來，上司更加不可能採納你的建議。

如何讓上司採納自己的意見？如果沒有一個知人善用的上司，往往會讓自

己覺得不得其門而入。

讓我們來看看美國第二十八任總統伍德羅・威爾遜的助理豪斯，是如何讓上司採納自己的建議。

威爾遜總統有才能但自負，對別人的意見往往瞧不起，不是不採納就是根本不理睬，這使許多在他身邊工作的人都感到挫敗，覺得任何新的意見都被他毫不留情地拒之門外。

唯獨一個人例外，就是威爾遜的助理豪斯。

豪斯與總統工作時有一件事讓他領略到，要向這位總統貢獻意見的最好方法是避免他人在場，悄悄將自己的意見或建議「移植」到總統的心中。

一開始使總統不知不覺地感興趣，然後，設法使這意見或建議變為總統的「創意」公諸於眾。

原來，有一次，威爾遜總統單獨召見了豪斯。明知總統不容易接納別人的建議，但他還是盡己所能，清楚明瞭地陳述了一項政治方案。

這個建議經過苦心研究所得，而且相當切實可行，所以豪斯在陳述時理直氣壯。然而他的理直氣壯並未打動總統的心，得到的是與其他同事一樣的命運。

威爾遜聽完後，當即表示：「這樣吧！當我願意再聽一次廢話的時候，我會再請你光臨。」

但數天之後的一次宴會上，豪斯很吃驚地聽到，威爾遜總統正在把他數天前的建議作為自己的見解公開發表。

善於觀察的豪斯，便由此得出向自負的威爾遜總統貢獻意見或建議，並得到採納的最好辦法，他稱之爲「種子移植法」。

他說：「我不願意說那些計劃是我的。我的計劃充其量只是一顆樹種，要長成大樹，必須要有土壤、水分、空氣和陽光，只有總統才有這些條件，把樹種變成大樹。公平地說，我只不過把種子移植到總統的心中。」

在威爾遜執政期間，豪斯都採用這種簡單有效的「種子移植」策略，並普遍得到了採納。

例如，一九一四年春季，豪斯奉命趕赴法國進行外交接洽。臨行前，他將自己的計劃向威爾遜總統做了報告，原則上得到了總統的同意，但態度相當謹慎，距離被正式批准尚遙遙無期。

豪斯抵達巴黎後不久，就寄回他和法國外長的談話記錄。在談話中，豪斯將自己想的計劃說成「總統的創見」，並得到法國外長的熱烈讚揚。結果正如豪斯所料，看完記錄，威爾遜總統毫不猶豫地批准。計劃的實施對兩個國家都帶來了巨大的利益，豪斯爲自己發揮的作用由衷感到高興，同時威爾遜總統也更加欣賞豪斯，對他更加器重。

這就是豪斯的「種子移植」效應。

如何才能牽著上司的鼻子走？

仔細觀察揣摩上司的心理，以有效的方法讓上司採納並實施自己的建議，不僅能打好與上司的人際關係，也可以為團體做出很大的貢獻。

華西里也夫斯基曾一度當上蘇聯第二次世界大戰大本營的總參謀長。

在第二次世界大戰中，蘇聯最高領導人的史達林由於過度強調自我，難以接受別人的意見。

「唯我獨尊」的個性，使他不允許世界上有人比自己更高明。

但是，他卻在不知不覺中，採納了華西里也夫斯基提出的正確計劃，進而發揮傑出的作用。

在史達林的辦公室裡與史達林的「閒聊」當中，華西里也夫斯基往往「不經意」地「隨便」談到軍事問題，既不慎重其事，也不頭頭是道。奇妙之處就在這裡，華西里也夫斯基剛走，史達林便會想出一個好的計劃，而且不久便在會議上發表。

大家都驚訝史達林的「深謀遠慮」，紛紛稱讚，史達林自然十分高興。華西里也夫斯基則和大家一樣表現出驚奇，好像從來沒有聽說過這個計劃，並且和眾人一起表示折服。

在軍事會議上進言，華西里也夫斯基的方法更讓人啼笑皆非。因為華西里也夫斯基的座位通常很靠近史達林，所以他在講話時，不但口齒不清，用詞不當，前後無條理，連聲音也不清晰，好像只小聲說給史達林一個人聽似的。

而且他總是先講幾項正確的意見，之後再畫蛇添足地講幾項錯誤的意見。在講正確意見時，他的聲音細小如蚊，只有史達林聽得見；講到錯誤的意見，卻條理清楚、聲音洪亮且振振有詞，讓錯誤意見的荒謬性昭然若揭。

等到史達林定奪時，當然是先毫不留情地批評他的錯誤意見，往往是痛快淋漓。接著，史達林再逐條逐句、清楚明白地闡述自己的決策，這決策實際上正是華西里也夫斯基那段含糊不清的幾點正確意見。

就這樣，「受虐狂」華西里也夫斯基每次被痛斥一頓之後，意見就成功移植到了史達林心裡，變成了史達林的意見並付諸實施。

從華西里也夫斯基的妙招中，我們不難看出他懂得在不計個人得失的前提之下，仔細觀察揣摩上司的心理，以有效的方法讓上司採納並實施自己的建議，不僅能打好與上司的人際關係，也可以爲團體做出很大的貢獻。

與其數落，不如「壞話好說」

學著「壞話好說」，圓融人際關係，是下屬必修的一堂課。除了平時在工作上協助上司之外，適地阻止上司犯錯，也是應盡的職責。

想與上司保持好的關係，首先要摸清他的性情。

生活在激烈競爭的時代，應謹愼行事，作爲別人的下屬，更應該了解上司的性格特點及爲人處事的方式，如此才能夠協調雙方的關係。

只要細心、認眞地觀察分析，一定可以很快發現上司的特點，採取相應的措施來應對，好好地相處，更有效地做好工作。

以下簡略地介紹幾種常見的上司特徵：

- 極權型的上司

這類型的上司，除了對於下屬的工作一一過問，甚至連私事也不放過。任何事都想插手，可以說將你當成他的私人財產，這不准，那不准，不准跟其他部門的同事來往，不准閒暇時間和同事閒聊，意見極多。

對於這樣的上司，首先要堅持自己的原則，完成工作以後的時間應該完全由自己支配；平時和同事交往要以不影響工作爲標準。高明的做法，是和同事們一起爭取適度的自由和主動權。

如果上司問及，可以據實相告，姿態閃躲、言詞閃爍、反而會讓上司誤以爲你做了什麼壞事，更加起疑。

坦誠相待才能好好相處，切忌在上司背後說三道四，以免留下後遺症。

・自身不正的上司

有些上司律己不嚴，還牽連下屬，例如上司不鎭守崗位，致使一些文件未能及時批閱，背黑鍋的往往是下屬。

遇到這類上司，不論用何種方式，如何「建言」都對己不利，所以最好儘量詳細地記錄上司不在時發生的事和找他的電話，等他出現立刻逐一報告，讓他立刻著手進行工作，以免延誤。

• 公私不分的上司

這類上司比較多，他們往往喜歡玩弄手中的職權，讓下屬幫忙做私事。對於這類上司，最好是在不影響前途的前提下，婉轉拒絕。一而再，再而三，久了他便會知難而退。

• 完美主義型的上司

雖然追求完美是人的天性，但若遇到性格刁鑽的上司，一定要注重小細節，做事保持認眞謹慎，儘量避免犯錯。

此外，應盡可能讓上司信任。一旦對你產生了信賴感，這類上司就不會把芝麻小事放在心上。下面就是一個很好的例子：

戰國時，齊景公的馬夫養死了馬，景公大怒，想殺了馬夫洩恨。

晏子立刻阻擋說：「這樣他死了也不知罪，先讓我把他罪在何處告訴他，讓他死得心服口服。」

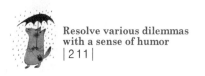

景公答應了。

晏子開始數落馬夫道：「你為陛下養馬卻失職，死罪一！你使陛下因馬而殺人，死罪二！你使陛下因馬殺人的名聲傳遍天下，死罪三！」

景公頓悟，馬上阻止：「快放了他，不能因他而壞了我的仁德之名。」

晏子的話都是反語，結果當然完全相反。表面上闡述馬夫殺馬之罪，實際上是爲馬夫開脫罪責，使齊景公心中有愧，從善如流。

機智的晏子從反面說明了此事如此處理的嚴重後果，使景公恍然大悟，既不失顏面，又救了馬夫一命，可謂一箭雙雕，這番表現，自然讓景公日後對他更是信任有加。

學著「壞話好說」，圓融人際關係，是下屬必修的一堂課。除了平時在工作上協助上司之外，適地阻止上司犯錯，也是應盡的職責。

寬以待人，處世更平穩

謹記「寬以待人」的處世原則，和諧的人際關係和高超的處理能力能幫祝你早日成為一個成功的工作者。

管理階層如果明瞭「糖衣有助於嚥下一口苦藥」這句話中，「糖衣」可能扮演的作用，就會懂得讓部屬保住面子，是多麼重要的管理方法。除此之外，還可以用鼓勵代替斥責，這會使你成爲一個人際關係圓融穩健的管理高手。

批評別人之前，如果能反省一下自己的缺點和過失，就能讓提出的批評更易於爲人接受。

正如卡內基所說：「如果批評者在開始的時候，謙卑地承認自己並非沒有缺點，那麼他的批評將不那麼逆耳。」

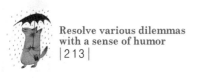

比如，當一個好部屬變成了一個不夠好的部屬時，你會怎麼做？

你當然可以解雇他，但這並不能解決任何問題；你也可以大加責罵，但這常常只會引起怨恨。

漢森是一家卡車經銷公司的服務經理，他的手下有一個工人，工作品質每況愈下，情況很糟。

漢森沒有對他怒吼或威脅，而是把他叫到辦公室裡，坦誠對談。他說：「你原本是個很棒的技術人才，在這條線上已經工作了好幾年，你修的車子也都令顧客很滿意，有很多人都稱讚你的技術很好。」

漢森又說：「可是最近你完成一件工作需要的時間加長了，而且品質也比不上以往水準。你以前真是個傑出的技工，我想你一定知道，我對現在這種情況不太滿意。也許我們可以一起想辦法，改正這個問題。」

對方回答他並不知道自己沒有盡好職責，並且向上司保證他所接的工作並未超出自己的能力之外，他以後一定會改進。

那麼，事後他做到了沒有？可以肯定，他做到了。他曾經是一個優秀的技工，爲了經理給予的讚賞，怎麼會做得不如過去？

當然，我們在圓融待人的同時，還要精進溝通技巧，如此不僅可以換得員工的忠誠，也可讓事情圓滿解決。

作爲管理人員，應該在坦誠待人和處事的同時也注意其他方面，諸如從實際出發，實事求是，不以己好爲標準……等等，以策略性的手段靈活運用，圓融人際，處理好每一項工作。

在日常工作和生活上，每個人都有自己的方法和個性特點。對別人的短處應避免挖苦，也不要以嚴厲的態度對待他人，以免遭到怨恨。

要避免無益的煩惱困擾，關鍵在於寬以待人，處理好同事之間的關係。

謹記「寬以待人」的處世原則，對自己的工作將會大有幫助。和諧的人際關係和高超的處理能力，足以幫祝你更上一層樓成爲一個成功的工作者。

用坦誠化解紛爭

凡事想開點，不然光是一點小事就足以讓我們整天生活在憤慨和憂鬱之中，那樣會活得很累。

在這個社會上，總有許多人和事等著我們去經歷、去感受，如果事事都能夠以誠對待，將能活得更加積極快樂。

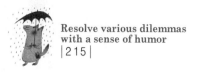

在現代社會中，激烈的競爭使人們受到越來越多來自各方的壓力，我們時常會聽到有意無意的消極抱怨以及牢騷。

比如，有的人喜歡道聽塗說，講話不負責任，甚至挑撥離間，在這個人的面前說那個人的不是，又在那人的面前說這個人的不是；有的人總以爲自己滿腹經綸卻得不到施展，因英雄無用武之地大罵上司有眼無珠；也有人常常爲了達到某些見不得人的目的不擇手段，不惜一切地詆毀別人。

這類事情讓人傷透腦筋，既嚴重影響人際關係，更影響企業的生產經營。來自精神上的損耗，嚴重地影響了企業的正常發展和個人表現。

如果我們能坦誠地對待身邊的每一個人，坦誠地對待生活和工作中的每一件事，從中維繫輕鬆的心情、人際關係的和諧，與人互動之間的諒解和關心，這樣的環境下，工作起來自然心情舒暢，即使任務繁重也不會有太多的怨言。工作效率有效提升，企業的效益也就會相應提高。

也許有人不贊成「坦誠就有好運」，認爲說法太過於荒謬，但這的確是不爭的事實。

以坦誠的態度待人處世，生活將會充滿更多感動。然而，若是過於輕易相信人，也易使自己陷入人性醜陋的陷阱裡。

阿榮的經歷，可供我們作爲參考借鑑：

「那天傍晚路過市場，我被一個以前的鄰居叫住。他在附近賣水果，只見他

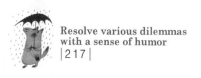

指著面前的兩串葡萄對我說：『阿榮，這兩串葡萄挺新鮮的，要收攤了，只收你一百元怎麼樣？』」

「回到家，我忍不住向老婆炫耀起來。老婆見我說得那麼好，就拿起來檢驗，想不到放在磅秤上一秤，只有兩斤整，照市面上的價格只值六十元。也就是說，他騙了我。」

「我幾乎要跳起來去找他理論，只感覺受到傷害的怨恨、不滿和痛苦在胸口翻騰。上當受騙的感覺很不好受，我想今晚要失眠了。」

「坐下來後，喝一杯茶，這時想起騙我的這個人已經失業很久了，也許是因為生活的壓力太大，才做出欺騙的勾當。想到這裡，我的氣漸漸消了。臨睡前我還在想著這件事，但已經很冷靜了。」

「也許那個熟人壓根兒就不知道那串葡萄到底有多重，他估計約有四、五斤重，沒想到其實只有兩斤重，所以才讓我有受騙的感覺。不小心弄錯也是常常發生的事，不是嗎？躺在床上，我不再想這件事了，結果睡了個好覺。一覺醒來，我精力充沛，感覺很快樂。」

最好像阿榮一樣，凡事想開點，不然光是一點小事，就足以讓我們整天生活在憤慨和憂鬱之中，那樣會活得很累。

做一個比較容易相信別人的人，得到的經驗與教訓也會比一般人更多，輕信別人也不盡然全是壞事。

因爲輕信，使人的性格不過於封閉，可以充分表現自己的眞誠，在茫茫的人海中與許多重感情的人結成知己，打好人際關係，讓做事順利。

因爲輕信，使人不必處處設防，不需時時警惕，不必眼觀四面耳聽八方。這樣就會覺得活得輕鬆自然，感到更加舒緩。

做人圓融，就能八面玲瓏

世上沒有搞不定的上司，差別只在於做人夠不夠高明圓融而已。一旦懂得應付之道，做起事情來絕對無往不利。

假使你的上司最愛別人給他戴高帽，一聽到讚美之詞就眉開眼笑，什麼事都好辦，眼見許多同事都因爲精於此道，一個個升職的升職，加薪的加薪，討厭阿諛奉承的你或許會覺得滿腹委屈。

其實，如果能換個角度想，讚賞別人並不見得是一件困難的事，也不一定是虛僞的，重點是要依據事實，而非憑空吹捧。

每個人都有自己的長處和短處，只要你懂得「隱惡揚善」，加一些善意，用詞稍稍誇張一點就可以了，這樣一來既不違背你的良心，又能讓對方高興，何樂而不爲呢？

最簡單的，就是經常留意上司的言行舉動，甚至衣著打扮，只要有一點點是你覺得合意的，就抓緊機會，大方表示心中的好感。只要記住說話時不要矯揉造作，一切就會顯得自然多了。

不過有些時候，上司其實不是不好，只是因爲太過優柔寡斷，經常朝令夕改，因而讓人辦起事來不知所措。由於他的地位比你高，你似乎也不能當面批評他什麼。

但是，當你自覺無法長久忍氣吞聲時，不妨在適當時候做出某些反應吧！例如遵照上司指示，迅速擬妥一份計劃書，呈上去時，如果對方力指計劃書有所不足，你可以試著委婉反問：「一切都是按您的意思做，您覺得還有什麼地方要改進的嗎？」

多數上司心目中最理想的下屬，往往是願意自動早到遲退，當然，如果工作果眞忙得不得了，犧牲一下私人時間是値得的，正所謂一分耕耘一分收穫。然而如果上司無理要求你超時工作，你就該表明態度，別讓他得寸進尺。

要是遇上魯莽的上司，你多半得跟在他後頭收拾殘局，切忌斥責或企圖教化他，更不可越級向他的上司投訴。不過，也不必特意爲他隱瞞事實就是了。

有些上司十分固執，又沒耐性，不能容忍別人的錯誤。從某種程度上來看，從這類人身上，可以學習到怎樣迅速達到目標，並乾淨俐落地處理難題，對你未嘗不是一件好事。一旦能達到他的嚴格要求，那麼升遷絕對不是問題。

簡言之，世上沒有搞不定的上司，差別只在於，你究竟懂不懂得方法、做人夠不夠高明圓融而已。一旦可以輕鬆應付各種難纏的對象，那麼做起事情來，絕對是輕鬆而又無往不利的。

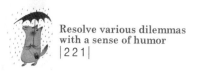

冷靜有助於化解歧異

讓自己永遠保持冷靜、寬容和坦誠的態度。因為只有壓抑住自己的怒火，才能令對方的憤怒消解。

相信別人，也是一種坦誠的表現。

作爲管理人員，待人必須坦誠。在工作中，無論是上級、同事，還是部屬，都應該一視同仁，彼此坦誠相見。

事實上，工作中的許多抱怨和不滿，都是因爲某些誤解和猜疑造成的，如果不能彼此敞開心扉，相互諒解，就很容易造成積怨，甚至發生一些不該發生的事，蒙受不必要的損失。

作爲管理人員，排難解紛是職責之一，但要如何才能公正地處理呢？

遭遇問題，切記先將情況徹底釐清，哪些屬於公事？哪些屬於私事？是與整家公司有關，還是只與自己負責的部門有關？從各個方面了解事情的實際情況。比如，時間、地點，以及以前是否曾經發生過類似的事情，當時如何解決？結果如何？是否造成任何後遺症？

了解之後，再寫下自己認爲可行的解決方法。參考以往的類似個案或公司的處理模式，仔細考慮每一種方法的可行性。不要忽略任何一個從腦海掠過的方案，但要客觀，切忌先入爲主。把每項方法的好與壞兩方面情況都加以蒐集、比較，更有利於做出全面的了解。

有些管理人員，面對脾氣火爆的部屬，常有不知所措的感覺。知道不能姑息，卻又難以控制對方。

當此人犯了錯誤，作爲上司的自然必須予以批評糾正。一般人被批評時都會憤怒，這是一種保護自己的自然行爲，所以聰明的上司要做的是壓抑怒火，令他眞正面對自己的錯處。

不妨坦誠地說：「我了解你是個成熟的人，不會因爲我的批評而怒不可遏，而是理智的就事論事，對吧？」

再提醒對方，雖然對他此次的任務不滿意，但並不等於不肯再給他發揮的機會，重要的是只要他有進步的表現。

若是對方依然怒目而視，那麼不妨先休息一會，等會兒再繼續談。或者，說服他平靜下來，然後再慢慢剖析這件事，並清楚告訴他，憤怒只會讓其他人也受到影響，沒有任何好處。

不過，最重要的，還是自己本身千萬不可因受到刺激而大發脾氣，只有壓抑住怒火，才能令對方的憤怒消解。

保持冷靜、寬容和坦誠態度，是圓融人際關係的前提。

比如，客戶向你投訴某位部屬十分無禮又欠缺責任感，讓他難以忍受。

這時，身爲上司，首先要做的是立即替部屬向這位客戶道歉：「對不起，他可能只是無心的，平日他的表現不是這樣。我保證以後不會再有同樣的事情發生，請多多包涵。」

既然下屬做事不力，上司就必須負一定的責任。將客戶的怒火平息，不等

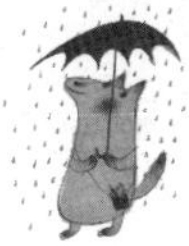

於事情結束，必須進一步和部屬溝通。

立刻找部屬來責備一番，也許可以消自己的怒氣，但未必會有好的效果，這樣做是最不明智的。

應該先靜下心情，對事情進行了解：這位部屬平日待人是否也是一派傲氣？處事是否馬馬虎虎？如果是否定的，那麼有兩個可能性，一是客戶本身咄咄逼人，二是部屬偶爾情緒不好，導致態度不佳。

這時，要以坦誠的態度開門見山地提醒這位部屬，以後要注意自己的情緒起伏，不要影響工作，否則將會得不償失。

但如果客戶反映的是事實，那麼就必須找部屬誠懇地談一談，直接轉告客戶的意見，並予以訓誡。

斥責的前提是帶著愛心和誠意，並就事論事，避免把事情擴大。再怎麼說，與部屬談話的目的是要解決問題，並非製造更多麻煩。

畢竟，做人保持圓融，做事才會輕鬆。

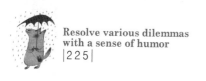

8

面對打擊，要優雅反擊

不管面對什麼樣的人，

柔中帶剛又不失風度的應對方式都是最好的回應，

不只能展現氣度，也能給予有效的反擊。

要聰明，不要被聰明所誤

無論對任何人、任何事，開口說話之前，千萬記得提醒自己：要比別人聰明，但不要告訴人家你比他更聰明。

伶牙俐齒並不算眞正會說話，所謂的說話高手，必定還具備一種能力——以言語激勵、成就他人之美。

法國哲學家羅西法有句名言說：「如果你想要得到仇人，就表現得比你的朋友更優越吧！」

爲什麼這句話是事實？因爲當朋友表現得比我們優越時，他們會產生一種自己是重要人物的感覺，但是當我們表現得比較優越時，他們就會產生一種自卑感，導致嫉妒情緒。

讓我們來看看接下來的這則故事：

某段時間，美國紐約市中區人事局最得人緣的工作介紹顧問是亨麗塔，但她並非一開始就擁有極好的人緣，甚至初到人事局的頭幾個月，在同儕間連一個朋友都沒有。你必定感到疑惑，這是為什麼呢？

因為每天她都在使勁吹噓自己的工作成績、新開的戶頭裡的存款數字，以及她所做的每一件事情。

「我工作做得不錯，並且深以為傲。」亨麗塔對成功大師拿破崙·希爾說：「但是，我的同事不但不分享我的成就，還表現得極不高興。我感到很難過，因為自己是如此渴望這些人能夠喜歡我，希望與他們成為好朋友。」

「在聽了你提出來的建議後，我開始少談自己，多聽同事說話。我發現他們其實也有很多事情渴望吹噓、分享，且因為我願意聆聽而感到興奮不已。現在，每回有時間在一起閒聊，我都會讓他們把歡樂告訴我，只在他們問我的時候，才稍微說一下自己的成就。」

想要在人際相處中左右逢源，首先得培養出聆聽的態度和雅量，再來，要提醒自己：不要在言語上表現得太「聰明」，尤其當對方犯錯時。

切記，無論採取什麼樣的方式指出別人的錯誤，一個蔑視的眼神，一種不滿的腔調，一個不耐煩的手勢，都有可能帶來難堪的後果。

你以爲對方會心悅誠服地同意你所指出的錯誤嗎？絕對不會！因爲你否定了他的智慧和判斷力，打擊了他的榮譽感和自尊心，同時還傷害了他的感情。他非但不會改變自己的看法，還會想要狠狠地展開反擊，這時，無論你再搬出多好聽的言詞彌補，可能都無濟於事。

永遠不要說這樣的話：「看著吧！你會知道誰對誰錯的。」因爲這等於在說：「我比你更聰明、更優秀。」實際上，等同於一種挑戰。

在你還沒有開始證明對錯之前，對方已經被激怒並準備迎戰了，這對解決問題有什麼幫助？爲什麼要爲自己增加困難呢？

某位年輕的律師，參加了一個案子的辯論，因為案子本身牽涉到大筆資金，可說相當重大。辯論過程中，最高法院的一位法官突然對這位年輕律師說：「海事法追訴期限是六年，對嗎？」他當即愣了一下，接著轉頭以驚訝的眼光直視法官，率直地說：「不！庭長，海事法沒有追訴期限。」

後來再回顧，這位律師說：「當時，法庭內立刻靜默下來，似乎連溫度都降到了冰點。雖然我是對的，也如實地指了出來，法官卻沒有因此而高興或欣慰，反而臉色鐵青，令人生畏。」

「為什麼呢？答案顯而易見，儘管事實站在我這邊，我卻因為不會說話而鑄成一個大錯，居然當眾指出一位聲望卓著、學識豐富的人的錯誤。」

是的，這位律師確實犯了一個「比別人正確」的錯誤。在指出別人錯誤的時候，我們必須把話說得更高明一些。無論對任何人、任何事，開口說話之前，千萬記得提醒自己：要比別人聰明，但不要告訴人家你比他更聰明。

對自己的成就輕描淡寫，抱持謙虛態度，必定最受歡迎。

罵人之後要懂得如何安撫

羅斯福不僅會罵人，罵人之後更懂得如何安撫人。這種技巧可以使雙方瀕臨破裂的關係，順利地在玩笑中重獲肯定。

道歉，是一門值得鑽研的說話藝術。

衷心道歉不但可以彌補破裂的關係，還可以增進感情。當他人對自己表示出誠摯的歉意，誰能不感動？

原諒別人的錯誤能清除心中的怨恨情感，寬恕不僅僅是美德，更對健康、對情緒都大有好處。

真正的道歉不只是認錯，也等於承認自己的言行破壞了彼此的關係，而這關係的重要性非同小可，所以希望能重歸於好。

美國總統羅斯福相當善於處理和新聞記者的應對進退，一回，《紐約時報》派記者貝賴爾駐白宮，按照慣例，白宮新聞秘書引他來謁見總統，「總統先生，您是否認識《紐約時報》的菲力克斯．貝賴爾？」

只聽見一個渾厚有力、充滿自信的嗓音傳來：「不認識，我想我還沒得到那份快樂。不過，我讀過他的東西。」

這說句話確實說得非常好，「我讀過他的東西」，對一名記者，絕對是極大的肯定。毫無疑問，透過短短一句話，羅斯福巧妙地在彼此初次見面時創造了良好的氣氛。

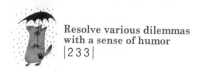

但在某些時候，羅斯福也會不留情面地罵人，幸而他懂得補救，用言語彌補裂痕，重新建立關係。

一次，羅斯福在記者招待會上進行長篇演講，措辭激烈，貝賴爾卻在底下打起了瞌睡。

只見羅斯福突然停下來，大聲吼道：「貝賴爾，我才不在乎你代表哪家報紙，但既然在這兒，你就得做筆記！」

不難想見，對貝賴爾來說，美國總統對自己大吼大叫，使他難受得簡直想找個地洞鑽下去，或是衝上講台把羅斯福揪下來，但他什麼也不能做，只能非常難堪地忍耐著。

衝突歸衝突，招待會結束後，羅斯福仍然如慣例般和記者一同談笑，簡短地交換意見，相互之間毫無拘束地閒聊，氣氛極為融洽。他甚至突發奇想為記者取綽號，說貝賴爾應該叫「魯漢」，因為像《紐約時報》那樣嚴肅的報紙，內部應該要有一個叫「魯漢」的人。

羅斯福不僅會罵人，罵人之後更懂得如何安撫人。這種技巧可以使雙方瀕臨破裂的關係，順利地在玩笑中重獲肯定。

作家卡莉曾經：「想要罵人並不困難，但是想讓被你罵的人，在被你罵之

後，還對你頻頻感謝，就不是一件簡單的事。」

的確，最高明的罵人方式，就是當你迎頭痛？對方之後，對方非但不會跟你翻臉對罵，還對你感謝在心。

重點就在於，當你指著別人的鼻子痛罵之前，是否懂得先站在別人的立場著想，以及是否懂得先幫對方預留一個下台階。如此，即使對方被你罵得狗血淋頭，也會認爲你是爲了他好，才不得不開口罵人。

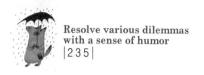

高明的道歉技巧

察覺到自己罵人罵得太過分，若決定道歉，就該馬上去做，因為時間的長短與道歉的效果成反比，越早設法彌補，成效越好。

有一回，美國總統羅斯福在記者招待會上斥責一名記者，但他馬上察覺到自己把話說得太重。事後，記者主動表示歉意，說自己前晚不該玩牌到凌晨四點，以致今天精神不佳。

想不到羅斯福卻說，撲克牌真是有趣的好玩意，自己已經好長時間沒和朋友一起玩了，實在懷念得很，且馬上要求秘書去張羅一頓自助晚餐兼牌局。

放眼世界各國，很少有政府官員能和媒體記者建立起良好的互動關係，羅

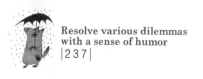

斯福可說是其中的佼佼者。

看完以上事例，相信你必定會同意，他具備了相當高明的說話技巧。

羅斯福能訓人，也能反省自己是否做得太過分，並眞誠、主動地表示歉意。這提醒了我們：該道歉的時候，爲何不能坦然低頭認錯？高明的言語技巧加上誠懇友善的態度，絕對是讓你在任何環境都無往不利的關鍵。

當然，當我們道歉時，也可能會碰上對方不原諒、碰了釘子下不了台的窘況，這時候，該用什麼樣的態度應對？

首要應認清一點，既然是自己錯了，對方會生氣當然合情合理，苦果還是由自己吞下爲好。

其次，應該藉積極的分析找出原因，也許是因爲自己道歉的方式、場合等不太恰當，導致了不理想的情況。

道歉並非恥辱，而是眞摯誠懇且富教養的表現。

道歉是值得尊敬的事，不必奴顏卑膝。要告訴自己：想糾正錯誤是堂堂正正的事，何羞之有？

察覺到自己罵人罵得太過分，若決定道歉，就該馬上去做，因爲時間的長短與道歉的效果成反比，越早設法彌補，成效越好。

道歉認錯和遺憾經常被混淆，但實際上，兩者的概念截然不同。如果自己沒有錯，則不必爲了息事寧人輕易認錯。沒有骨氣、沒有原則的做法，不可能帶來多少好處。

敢於道歉是一種勇氣，也是有教養的表現，道歉能使友人和好、化敵爲友；也能使陷入僵局的人際關係重新獲得進展；更能使家庭和睦、彼此愉快、工作順利、同事融洽相處。

它是一種高明的說話技巧，人際關係中必不可少的潤滑劑。

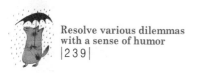

面對打擊，要優雅反擊

不管面對什麼樣的人，柔中帶剛又不失風度的應對方式都是最好的回應，不只能展現氣度，也能給予有效的反擊。

或許你已經了解了哪些行為是令人反感的，也懂得身為上班族，在職場中應該如何應對進退才能做到處處圓融，但無論身在哪種環境，身邊難免還是會有一些討厭的人存在。

這些人很可能就是你的朋友、同事或上司；在公開場合，他們會毫不避諱地提起一些你不想再提的往事或隱私，大談你做過的傻事和鬧出的笑話。

這些當然會使你尷尬萬分，但此時的你不妨保持沉默，想辦法扭轉局面。

如果對方是故意使你處於尷尬窘迫的境地，可能是因為他們覺得在某方面來說，你的存在你對他構成威脅，或是想報復你曾經做過得罪他的事；但也很有可能對方只是習慣開玩笑，壓根就沒有意識到你會因此受到傷害。

對於第二種人，我們沒有必要追究他們的所作所爲，只要當面向他指出失禮之處，這些遲鈍的冒犯者通常會向你表示歉意。

至於第一類人，就必須根據情形選擇你的應變之道了。

面對故意的羞辱，你可以採用比較激烈的方法，遏止這種羞辱繼續下去。比如：「你已經使我難堪了，不介意的話，不妨告訴我是什麼緣故？」或者：「你似乎話中帶刺，是不是我做了什麼讓你覺得不高興？」

無論如何都要避免動怒，千萬別大動肝火，如果自己先失去冷靜，反而會讓對方佔上風，讓周圍的人覺得你器量狹小。

可以說，不管面對什麼樣的人，這種柔中帶剛又不失風度的應對方式，都是最好的回應，不只展現出你的氣度，也能給予對方一個有效的反擊。

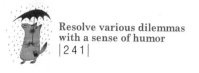

說話謹慎才能明哲保身

人性是複雜的，掏心掏肺或許可以代表你的真誠和熱情，但是難保別人不會利用你的弱點，將你玩弄於股掌之中。

我們生活在一個龍蛇混雜的社會中，每天都因爲生活上或工作上各種原因與形形色色的人打交道。

在公司裡，身爲中階主管的你，除了必須面對上司、同事、客戶，還必須面對衆多的下屬。

穿梭在這麼多不同的人之中，想要遊刃有餘地處理好各方人際關係，讓每一個人都能在自己的位置上充分發揮才能，爲公司盡一份心力，的確需要非凡的交際手腕和管理才能。

你必須明白，良好的人際關係，對你的工作有著不可低估，推波助瀾的作用。不只是身居主管職，任何一個上班族都應該學會處理好各種關係，沒有半點馬虎，無論在什麼環境和條件下都是如此。

有的人因為不懂得人際關係的技巧，以至於總是無意中得罪人，花了大量的精力，做了比別人更多的努力，卻仍然得不到升遷的機會。

那麼，如何處理好與上司的關係？如何使部下更能發揮潛力？使你在工作中如魚得水，在人際關係上左右逢源呢？

不妨回過頭來想想，你是否曾經有過話說到一半，對方的表情卻突然冷下來的經驗？

就算事後知道，原來自己當時說了一句不該說的話，但此時，雖然你想向對方表達歉意，可是由於事過境遷，也不曉得該如何提起了。

別忘了一個重點，平時與人交往，不論是上司、下屬，認識和不認識的人，都必須謹言慎行，不要一下子把心掏出來，該說的與不該說的統統全盤托出。

要知道，人性是複雜的，掏心掏肺或許可以代表你的真誠和熱情，但是難

保別人不會利用你的弱點，將你玩弄於股掌之中。

即使對方是你十分熟悉的同事，在工作場合中，也應該視周圍的環境和氣氛選擇談話的主題與內容，不是任何話都可以說的。

休息時也應注意，儘量避免嬉鬧，以及談論與工作無關的事情。否則很容易讓上司或老闆留下不好的印象，甚至因此被炒魷魚。

未免屆時欲哭無淚，所以必須從現在開始就嚴格要求自己，以免到時後悔莫及。要知道，說錯話形同覆水難收，是無法彌補的，不可不慎！

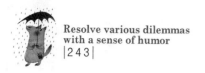

不吐不快，只會讓你受傷害

喜歡直話直說的人，很多時候常被人利用來揭發內幕或攻擊他人，自然會成為別人的眼中釘，被排進報復排行榜。

在不少場合，實話是不能直接說出來的。

雖說做人不必時時虛偽應酬，但直話直說、毫無顧忌的說話方式，畢竟僅止於理想狀態中的人際交往模式。在實際情況中，直言直語往往很容易刺傷別人，也讓自己損失人緣。

王明是某公司中級職員，他的心地是大家公認的「好」，但卻一直無法獲得升遷。反觀和他同期進公司的同事，每個人不是已經外調獨當一面，就是成了他

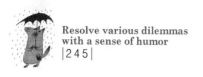

的頂頭上司。

再者，雖然每個人表面上都稱讚他「好」，但他的朋友卻很少，不但下了班不曾與同事有過聚會，在公司裡也常常是獨來獨往，似乎不太受歡迎的樣子。

事實上，王明的工作能力並不差，也有相當好的觀察分析能力。問題是，他總是說話直率不加修飾，因而直接或間接影響到他的人際關係。

像王明這樣喜歡直話直說的人，說話時常只看到現象或問題，也常常只到自己「不吐不快」，很少考慮到別人的立場、觀點和感受。

當然，他的話也許是一派胡言，但也有可能是一針見血，不過無論何者，都會讓人覺得心裡不舒服。

若是一派胡言的直言直語，對方就算知道，但也不好當場發作，只好悶在心裡；如果是一針見血的實話，因爲是直指核心，更容易讓當事人做出自我防衛式的反擊，若對方招架不住，恐怕也會因此懷恨在心。

換句話說，一味直言不論是對人或對事，都會讓人受不了，連帶讓你產生人際關係障礙。別人寧可離你遠遠的，以免一不小心就聽到你的直話直說；如果不能離你遠遠的，那麼就要想辦法把你趕得遠遠的，才能夠讓自己眼不見爲淨，耳不聽爲靜。

而且，喜歡直話直說的人，一般都具有「正義傾向」的性格特徵。由於這樣的人言語殺傷力很強，所以很多時候常被人利用來揭發內幕或攻擊他人，以達到某種目的成了犧牲品。

因爲就算成功了，也是鼓動你的人坐享其成，你卻分不到多少好處；不成功，你自然會成爲別人的眼中釘，被排進報復排行榜。

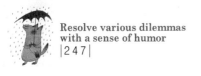

直話直說最容易造成不良後果

直話直說，有時就像一把鹽撒在別人的傷口上，讓人痛苦不已，為了不傷害別人，也不傷害自己，同時建立起良好的人際關係，這點務必要注意。

阿華原來是個性格耿直、有話直說的人，因此被主管看重，升為小組長。

有一年，主管派阿華到公司人事課去整理檔案，面對一堆堆檔案，阿華一開始還整理得蠻起勁的，但看到後來，卻慢慢覺得不寒而慄。

因為那些檔案裡面，有不少人只是因為說了一句不該說的話，或者是發發牢騷，就從此被打入冷宮。

經過這場「震撼教育」，阿華就像是換了一個人似的，再也不跟主管頂嘴，上面說東，他絕不說西。另外，為人處事也變得圓滑起來，無論什麼事情，都不再過去那樣將是非對錯弄得黑白分明。

耿直的阿華，成了老成世故的角色。變化後的性格，對他的前程是有利還是有害，這很難定論，不過有一點卻是可以預測的：世故的阿華犯錯的可能性極小，更不可能禍從口出。

雖說像阿華這樣的人，在同事間一般都不受歡迎，不過話又說回來，說話注意場合、對象，這是任何上班族都應該注意的事。

須知在人際交往中，直話直說往往是一把雙面利刃，傷害別人的同時，自己也付出了一定的代價。

因此，若你正好具有這種直言不諱的性格，在與人來往時應注意，無論何事，最好避免直截了當地指責他人的不當之處，或是當衆糾正別人性格上的弱點。別以爲這是「愛之深，責之切」，在別人看來，這只不過表示你和當事者過不去而已。

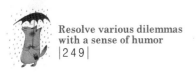

因此，能不講就不要講，一定要講的話，點到爲止即可，而且還要懂得迂迴，千萬不要莽撞行事。

直話直說，有時就像一把鹽撒在別人的傷口上，讓人痛苦不已，爲了不傷害別人，也不傷害自己，同時建立起良好的人際關係，這點務必要注意。

建議你，話到嘴邊時，盡可能先想想說出來的後果，若既不傷人，也不傷己，就但說無妨了。

其實在現實生活中，做個自以爲是的演講者，還不如做個靜靜傾聽的觀衆。

只要懂得與同事保持適當距離，凡事圓滑處理，採取中道而行，謹記「人不犯我，我不犯人」的道理，公平對待每一位同事，避免建立小圈子，做起事來就能更爲輕鬆，成爲辦公室中的生存者，而非受害者。

圓融處世，擴大生存空間

職場局勢詭譎，同事之間存在著種種微妙的利益關係，與每個人都保持一定的距離，才是最安全的。

在一起工作久了，多少會覺得有些人和自己很投緣，有些人就是怎看都不順眼，不論怎麼努力也無法喜歡他，在公司裡往往會因此慢慢形成一個個的小團體，這也是人之常情。

但是，如果你想成爲一個成功的上班族，千萬不能輕易以「身爲某一群人」自居，必須與每個人都平等往來，否則便無法建立起完整的訊息網絡，得不到全方位的完整訊息，就很難做出正確的判斷。特別是在重大問題上，一旦有所閃失，就前功盡棄了。

另外，每一個公司裡都有能力好的人與能力不佳的人。通常上司會將重要的工作交給有能力的人以示信任，認爲能力強的人一定能夠不負重託完成任務。但是，這一類人多半也容易驕傲自滿，一旦有了驕矜之心就會鋒芒畢露，因而遭到周圍人的嫉妒。

所以，眞正聰明的人往往懂得明哲保身的道理，行事低調，也不會隨便展現實力，讓人看穿自己的底牌。

當然，職場中少不了會有閒言閒語出現。

正當你努力工作時，可能會有人爲某些原因在上司面前誹謗你，在同事之間貶低你，遇上這種事肯定會讓人十分難過，但你必須明白，現實就是如此。只有認清這些小人的醜惡嘴臉，如果不能以其人之道還治其人之身，就得奉行「惹不起但躲得起」的法則，避免自身受到無謂的傷害。

要避免這種事發生在自己身上，就要謹記一件事：人與人之間相處，最忌諱的就是交淺言深，因爲它所造成的負面影響，往往讓你後悔不已。

當大家聚在一起的時候，最喜歡談論的通常就是那些不在場同事的是非。

一提到這些道人長短、論人隱私的話題，每個人都會顯得興致勃勃，氣氛也會變得熱烈起來。

但是，這類話題卻是是非的根源，不論提起話頭的人是否有惡意，到最後都會變成謠言與批評，等到傳到當事人耳中，往往已被添油加醋，面目全非。

大家都知道道人長短不好，可是卻還是忍不住八卦的天性。然而將心比心，人人都有可能成爲被討論的對象，但也沒有人希望自己成爲被討論的對象。

因此，當你從他人口中聽到任何蜚短流長時，也不要任意附和，學習做個聆聽者，做到「人不犯我，我不犯人」，避免涉入任何小圈子，對謠言一笑置之，如此才能在職場中永續生存。

你是否有過這樣的經歷？和你很熟的同事興沖沖地跟你分享一個可以爭取升職與加薪的好機會，於是你也高興地和他一起努力了。但是事情完成後，卻只有同事獲得升職與褒揚，同樣辛苦的你卻全然被忽略。

對方將全部功勞據爲己有，並在上司面前邀功的小人行徑，一定讓你感到怒不可遏，恨不得立刻揭穿他，但別忘了，衝動行事是不會有什麼好結果的。

爲了避免遭人利用，建議你，下回遇上類似狀況，在打算接受提議時，就應當把各人所負責完成的部分清楚記錄下來，甚至留下執行過程的種種資料，留待以後作爲參考。

切記，職場局勢詭譎，同事之間可能存在著種種微妙的利益關係，因此千萬不能輕易與人交心，與每個人都保持一定的距離才是最安全的。

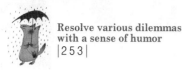

現實很殘酷，你必須學點

人性擒拿術

純真過頭，
只會淪為任人坑殺的豬頭

英國有句諺語說：
猴子戴上了人的面具，才更顯示出他是獸類。

在這個充斥著假面舞台的社會裡，許多偽善的人，喜歡用道貌岸然的外表，來掩飾他們內心的醜陋。想在競爭激烈的現實社會存活，每個人都必須學點人性擒拿術，無論是面對你的敵人或是友人，都不能傻愣愣地將自己的一切暴露無遺。
社會上的詭計到處都是，利用人心弱點所設下的腐餌和騙術，更是五花八門，要是純真過頭，只會讓你淪為任人坑殺的豬頭。

公孫龍策 編著

〈為人處世篇〉

運用說話藝術，扭轉對方的想法

讓對方欣然接受的說話謀略

德國詩人海涅曾說：
言語之力，大到可以從墳墓喚醒死人，可以把生者活埋，把侏儒變成巨無霸，把巨無霸徹底打垮。

確實如此，人類最明顯優越於其他動物的地方，就是透過語言表達自己的意思，
並且運用說話藝術扭轉對方的想法。

說話不單單是言語上的應對，更是一種溝通的智慧與藝術。
無論是什麼性質的溝通、交涉、談判，如果在言談中，
你能使用準確又讓人喜歡的表達方式，絕對會使對方對你刮目相看，
並且在和諧的氣氛中，欣然接受你你的說法與要求。

陶然 —— 編著

The art of Conversation

溝通大師

29

用幽默的心情，搞定難纏的事情

作　　者　文彥博
社　　長　陳維都
藝術總監　黃聖文
編輯總監　王　凌
出 版 者　普天出版社
新北市汐止區康寧街 169 巷 25 號 6 樓
TEL / (02) 26921935 (代表號)
FAX / (02) 26959332
E-mail：popular.press@msa.hinet.net
http://www.popu.com.tw/
郵政劃撥 19091443 陳維都帳戶
總 經 銷　旭昇圖書有限公司
新北市中和區中山路二段 352 號 2F
TEL / (02) 22451480 (代表號)
FAX / (02) 22451479
E-mail：s1686688@ms31.hinet.net
法律顧問　西華律師事務所・黃憲男律師
電腦排版　巨新電腦排版有限公司
印製裝訂　久裕印刷事業有限公司
出 版 日　2018 (民 107) 年 5 月第 1 版
ISBN◉978-986-389-495-7　　條碼 9789863894957

國家圖書館出版品預行編目資料

用幽默的心情，搞定難纏的事情 ／
文彥博著.—第 1 版.—：新北市,普天
民 107.05 面； 公分. - (溝通大師；29)
ISBN◉978-986-389-495-7 (平裝)